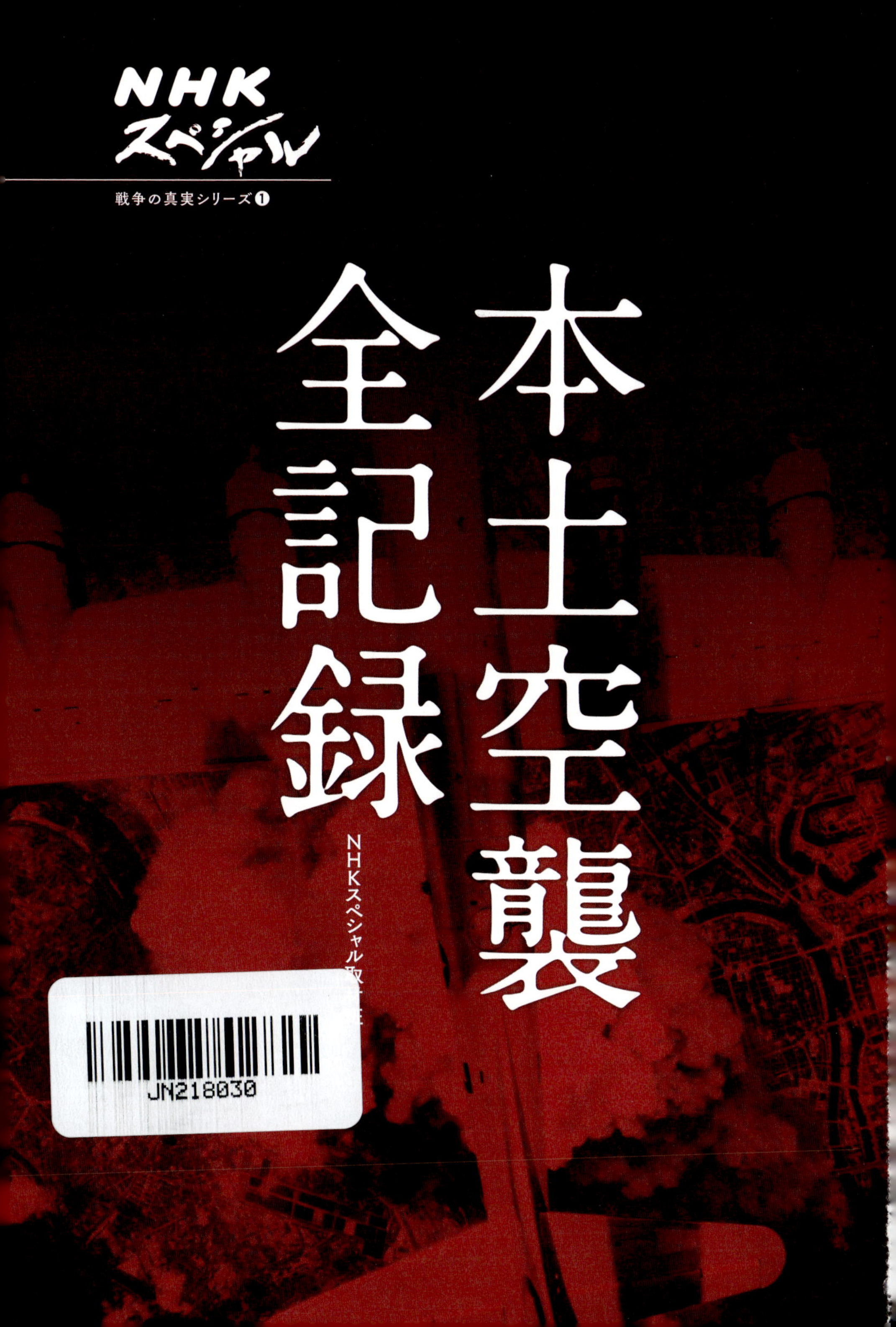

NHKスペシャル

戦争の真実シリーズ❶

本土空襲全記録

NHKスペシャル取材班

はじめに

サイレンが鳴る。

そのたびに、私たち日本人はモグラのように地下に身を隠した。

そして、はるか上空を飛ぶB－29から無数の爆弾が降り注いだ――。

太平洋《たいへいよう》戦争中、連合国軍は、日本全国の各都市に対して頻繁に大規模な空襲を行った。その実態は、これまで空襲を受けた地域ごとに熱心な調査が実施されてはきた。また、有志によって個々の貴重な体験が語り継がれてもきた。

しかしその全体像はというと、今なお判然としないのが実情だ。

空襲の頻度も規模もあまりにも甚大で、戦後すぐの混乱期に行われたアメリカ軍の調査も不十分なものとなった。そして70年以上たった現在まで、国も、信頼に足る網羅的な調査を実施していない。

一体、日本本土はどれほどの空襲を受けたのか。

2017年8月に放送したNHKスペシャル『本土空襲 全記録』は、あらためて、この本土空襲の全体像に可能な限り迫ろうとした。取材班はアメリカ国立公文書館などに残された2万ページにも及ぶアメリカ軍の戦闘報告書や作戦記録などを入手・分析し、日本地図の上に落とし込んだ。すると空襲作戦のスケールや、被害の実態が、予想をはるかに上回ることなどが明らかになった。

また今回、未整理のまま埋もれていた映像も数多く発掘された。

取材班が特に注目したのは、空襲・機銃掃射の瞬間を捉《とら》えたカラー動画である。たとえば、戦闘機の翼に取り付けられた特殊なカメラ（ガンカメラ）が記録した映像は、ひきがねをひく搭乗員の実体験をありのままに伝えるものだった。

膨大な資料と生々しい映像。そして実際に空襲の現実を体験した人たちの証言。それらを集約し、本土空襲の真実に迫ろうとしたのが今回の番組である。

本書では、番組の企画段階から放送まで約2年間に取材した情報をあらためて精査し、番組の中で伝えきれなかった部分も、できるだけ盛り込んだ。

空襲を知る世代にとっても、空襲を知らない世代にとっても、本書が「戦争の姿」を再認識する助けになれば幸いである。

2018年7月

NHKスペシャル取材班

空襲はこうして拡大した!

本土空襲MAP

—1944年11月～1945年8月—

マリアナ諸島の基地を拠点にB-29の大規模部隊が本土空襲を始めてから終戦まで

1944年11月24日

〈2都県4か所〉
〈死者：65人〉

マリアナ諸島からB-29部隊が初めて日本本土を空襲した1944年11月24日。第1目標は東京・武蔵野市にあった中島飛行機武蔵製作所、第2目標は東京市街地と湾岸地域とされた。空襲の精度は極めて低く、武蔵野市だけでなく、東京の中野区や江戸川区、神奈川の横須賀市に爆弾が降り注ぎ、少なくとも65人が命を落とした。

1944年11月25日～1945年3月19日

〈22都府県59か所〉
〈死者：14万4170人〉

（＊上記の空襲があった都府県・か所、死者数は1944年11月24日からの累計）

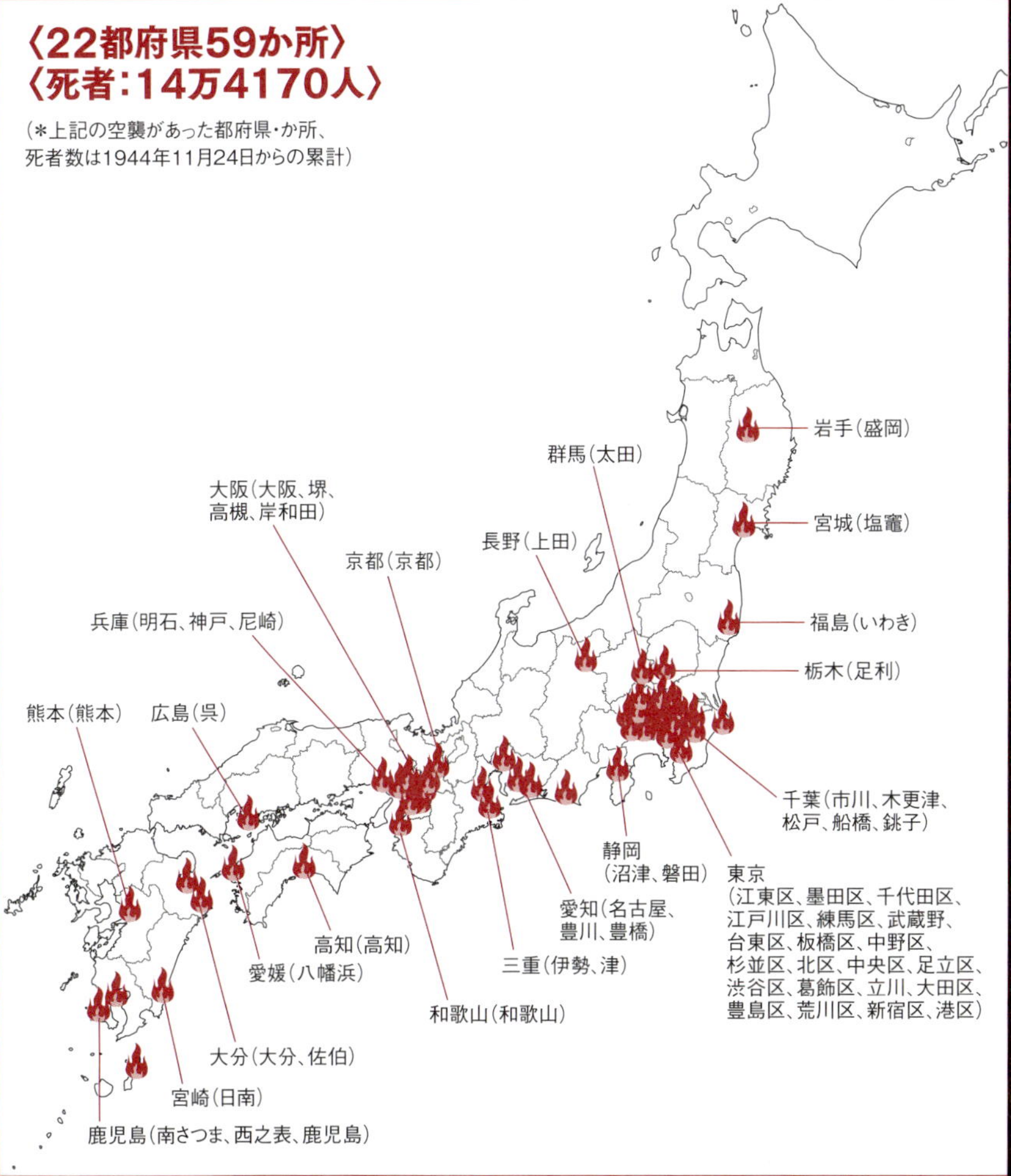

1945年1月からは東京だけでなく、名古屋や神戸など大都市で焼夷弾を使った実験的な空襲が始まった。焼夷弾空襲は3月10日の東京大空襲を契機に本格化し、19日まで5回にわたる大都市に対する焼夷弾空襲で日本は壊滅的な被害を受けた。

1945年3月20日～1945年6月16日

〈30都府県104か所〉
〈死者：18万3259人〉

（＊上記の空襲があった都府県・か所、
死者数は1944年11月24日からの累計）

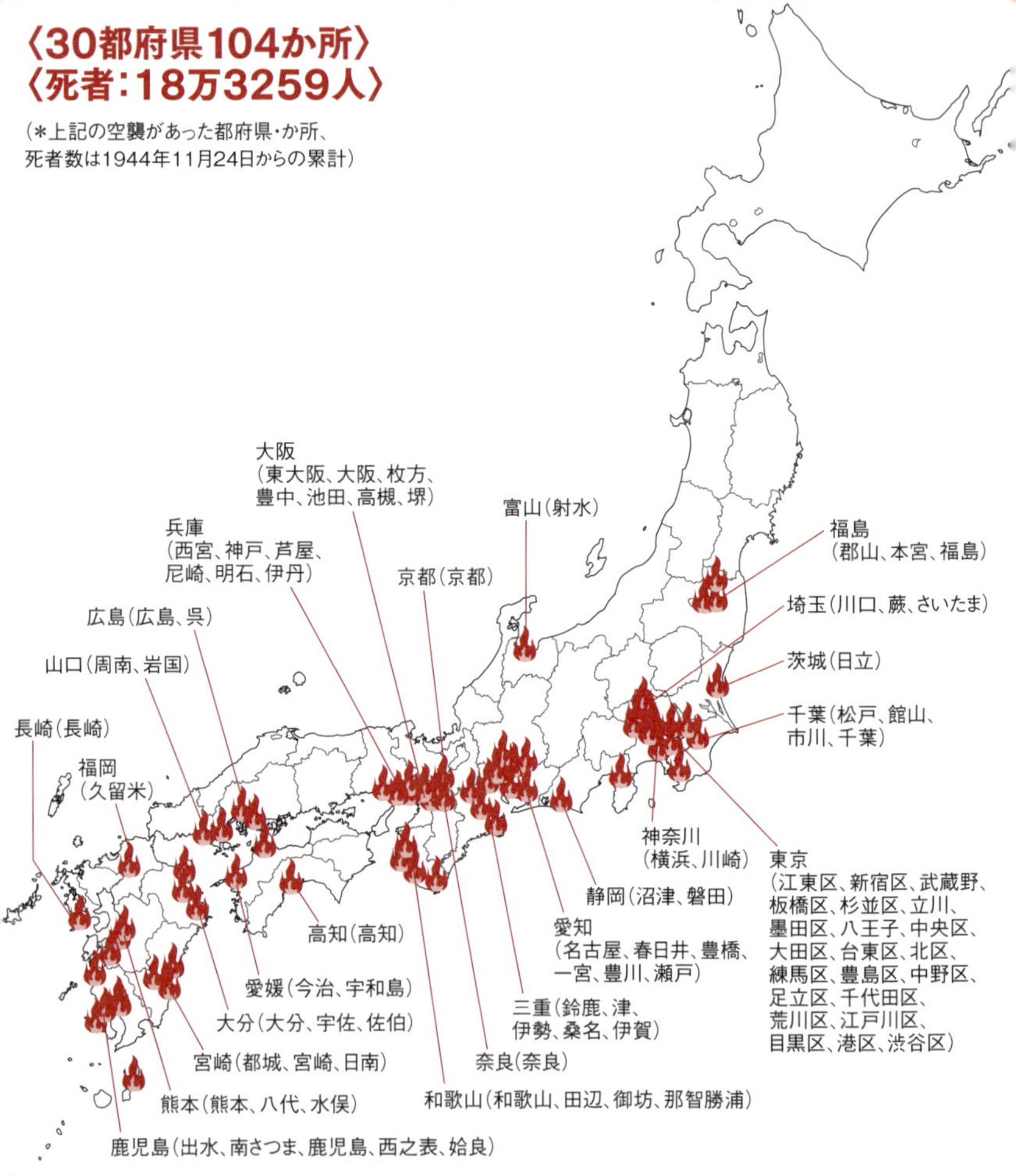

３月の大規模な空襲で一度は落ち着いた都市に対する焼夷弾空襲だったが、４月からは小型の戦闘機が攻撃に参加するようになり、空襲の規模は拡大することになった。また５月中旬になると、B-29の出撃数も増加。その数は500機を超え、５月14日から６月15日の間に名古屋、東京、横浜、大阪、神戸、尼崎が焼き払われ、大都市の焼夷弾空襲はほぼ終息した。

本土空襲MAP—1944年11月～1945年8月—

データは「太平洋戦争における空襲被害に関する調べ2016年地方行政調査会」を元に、今回の取材で判明した犠牲者を追加、加算調整した。地名は「平成の大合併」以降のもの。
※MAPで表示しているのはB-29の部隊がマリアナ諸島から本格的な本土空襲を始めた1944年11月24日～1945年8月15日の期間のうち空襲で死者が出た市区町村。それ以前にも航空母艦から飛び立った爆撃機が東京などを爆撃した「ドーリットル空襲」(1942年4月)、中国から飛来したB-29が九州北部の八幡製鉄所などを爆撃した「八幡空襲」(1944年6月)などがあり、そうした本土空襲全体の死者数は45万9564人にのぼる。

1945年6月17日～1945年8月15日

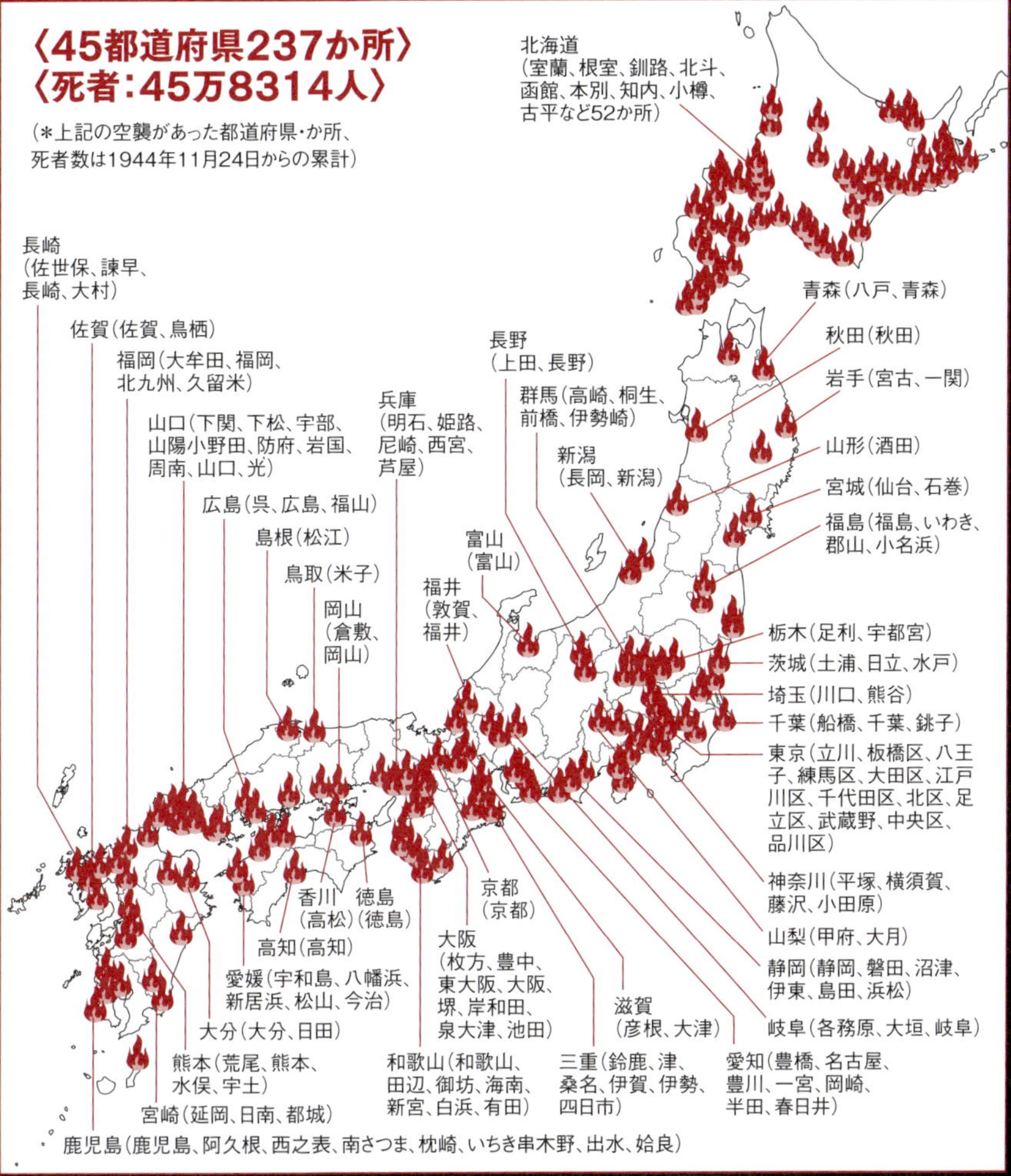

6月中旬、空襲の手は中小都市へと伸びていく。1回目の中小都市空襲に選ばれた鹿児島、大牟田、浜松、四日市の4都市を皮切りに、7月には人口10万以下の都市も主要な目標とされた。鉄道など輸送網への攻撃が激化し、被害は拡大。8月6日に広島、9日に長崎へ原子爆弾が投下されたあとも空襲は続き、1944年11月24日からの累計では45万8314人が命を落とした。

戦争の真実シリーズ1　本土空襲 全記録　―目次―

序章

新たに発見された「ガンカメラ」映像と未公開資料

1 本土空襲の実態を刻んだ新発掘映像

2 予想以上だった本土空襲作戦の頻度・犠牲者数

3 「精密爆撃」と「地域爆撃」

1

本土空襲の実態を刻んだ新発掘映像

アメリカに埋もれていた映像の衝撃

２０１７年初夏、取材班はアメリカ北西部のシアトルに向かっていた。シアトルはアメリカ最大の航空機メーカーであるボーイング社の誕生の地。訪ねたのは、シアトル郊外に住むマーク・スティーベンスさんの自宅である。

スティーベンスさんは長年、航空機産業の仕事に携わってきた。その仕事の縁で、第二次世界大戦中の軍用機のパイロットたちと知り合う機会を得たという。そして、アメリカ陸軍航空軍・第7戦闘機集団（7th Fighter Command）に関連する様々な史料を彼らから預かり、その部隊の歴史を整理・研究する活動に没頭することになった。

スティーベンスさんの自宅の地下室には、そうした史料がファイリングされ保管されていた。所蔵史料の中に映像フィルムもあった。やはり第7戦闘機集団の元パイロットから譲り受けたもので、これまでまったく公開されたことのない映像だという。第7戦闘機集団は、アメリカ軍が日本軍から奪取した硫黄島《いおうとう》を発《た》って日本本土を空襲する任務に就いていた部隊だった。

１７８カットの様々な映像は、戦闘機のパイロットの視点から撮影されたものだった。そのほとんどは太平洋戦争中、日本各地を機銃で攻撃しているときの生々しいありさまをカラーの動画で映し出していた。たとえば映像は、日本の大地をなめるように低空で飛ぶ様子を捉《とら》えている。軍の兵舎や飛行場が見えてくると、容赦なく機銃掃射を浴びせている。別のカットでは、ロケット弾が発射され、工場のような建物が粉砕される。どこにでもあるような漁港や変電所などを狙い、攻撃を繰り返す映像もあった。

映像はゲームのグラフィックではない。実戦で発射レバーを握り、多くの日本人を殺戮《さつりく》している最中のパイロットのまなざしそのものがそこにはあった。

ガンカメラの映像を保管していた歴史家のマーク・スティーベンスさん（上）。2017年、アメリカで新たに見つかったガンカメラ・フィルムは178カットに及ぶ（下）

未整理の「ガンカメラ」映像分析

映像は、戦闘機に取り付けられた「ガンカメラ」と呼ばれる特殊なムービーカメラで撮られたものだった。

ガンカメラとは、第一次世界大戦のときにイギリスで開発されたもので、パイロットが引き金を引くと自動的に録画を開始する機能を持つ小型カメラである（別に、スイッチを押すことで録画を開始することも可能）。撮った映像は、撃墜・戦果の確認や、戦法・戦術の検討、訓練、教育などに使われた。

ガンカメラが記録した映像は、それぞれ長くても数十秒ほどである。ところが、この短い記録映像は、パイロットの視線の先に何があったのか、何を攻撃対象としていたのか、どのように攻撃したのかなど、多くのことを子細に伝えてくれる。

こうしたガンカメラの映像資料は、マーク・スティーベンスさん所蔵のものだけでなく、じつはアメリカ国立公文書館にも相当数、保管されていることが分かった。

しかし、それらはまったく未整理のままと言ってよかった。様々な分類項目の中にばらばらに紛れ込んでいて、キャプションも満足になかった。戦後70年以上の時を経た今、これらを整理、分析していくことなど、もはや不可能であるかに思われた。

ところが、こうした未整理の映像を収集し、分析している人たちが日本にいたのである。大分県宇《う》佐《さ》市を拠点に活動する市民団体「豊《とよ》の国 宇佐市塾」だ。

同塾は、宇佐の郷土史を掘り下げる活動を続けてきた。メンバーたちは、活動を進めるうち、ふるさとが空襲を受けている或《あ》る映像に出くわす。それを機に地域の空襲へと関心を深めていき、さらにアメリカ軍の空襲全般に対して興味を拡げた。一般に知られている以上に、九州地方はアメリカ軍による空襲の被害が大きいのだが、このことも背景にあった。メンバーは２０１１年からガンカメラによる映像を収集し始めた。

アメリカ国立公文書館の情報にアクセスし、根気よく検索をかけ、自前の資金で映像を取り寄せた。映像の収集は、取り寄せても重複があったり、戦後のものが混入していたりと、遠隔操作の困難に突き当たった。さらに、いつどこで撮影されたのか不明なものが大部分を占めていたため、宇佐市塾のメンバーは、映っている地形、建造物、太陽の位置、兵器の形状などを地図や日米の史料と照合し、ここかと思われる現場に実際に足を運んで、体験者の証言で裏をとるなどしながら、こつこつと確認作業を進めていった。

このたいへん地道な蓄積が、今回の番組でも土台となった。

「豊の国 宇佐市塾」には新発掘の映像の解析にも協力をいただき、本土空襲の全体像に迫る試みが可能になったのだった。

〈ガンカメラ〉

パイロットの戦果確認などを目的に、攻撃中の映像を記録していた。カラー映像も多く存在する

〈ガンカメラ映像①〉

実際に撮影された映像には、炎上する建物から煙が立ち上る様子がはっきりと残されていた

〈ガンカメラ映像②〉

ガンカメラ映像の中には、浜辺を走る人影を狙った様子も映っていた

〈第7戦闘機集団〉

陸軍航空軍・第７戦闘機集団は、硫黄島から日本本土への護衛任務を担った部隊だった

2
予想以上だった本土空襲作戦の頻度・犠牲者数

「戦闘報告書」から本土空襲の実態を読み解く

「本土空襲の全貌《ぜんぼう》」に少しでも近づこうとする試みは、しかし容易な筈《はず》がなかった。

取材班は、もう一つの未整理史料の山に向き合うことにした。アメリカ国立公文書館に大量に保管された機密文書、「戦闘報告書（Action Report）」である。これは、当時、戦闘機や爆撃機が攻撃を実行した際、上官への報告のために作成した記録文書だった。

いつ、どこで、どれだけの攻撃を行ったのか。どれだけの損害を与えたのか。そうしたことが克明に記録されていた。その量は都合、約2万ページに及んだ。

取材班は、日米双方に分析チームを作り、これら膨大な報告書を1ページずつスキャンし、その内容を読み込んでリスト化する作業に取り組むことにした。こうしたアメリカ軍側の膨大なデータから

「本土空襲の実態」を整理する作業は、これまでほとんど試みられてこなかったからである。戦闘報告書は、書式もページ数もまちまちだった。その内容も、実際には戦闘直後に戦場で作成されたものが多いがゆえの誤認なども含まれている。未整理の報告書を読み解く作業は、ほかの史料との矛盾の解明などを可能な限り突き詰めようとしたため、途方もない困難をともなった。

しかし、分析チームは日米で連絡をとりながら、報告書と首っ引きでリストを作り上げていった。この集積データと完成したリストを検証した結果、たとえば本土空襲の回数が、従来推定されてきた頻度よりもはるかに多く、約2000回にのぼることが分かった。また、投下された焼夷《しょうい》弾の数は約2040万発、撃ち込まれた銃弾の数は約850万発に及ぶことなども明らかになった。

犠牲者数46万が意味するもの

それにしても、「本土空襲の全貌」に近づくための一級史料は、なぜこれほどまでに未整理のまま放置されてきたのだろうか。アメリカでも日本でも、「本土空襲の全貌」と向き合う姿勢は、これまで十分だったと果たしていえるのか。そんな疑問が自《おの》ずと湧いてくる。

実際には、「本土空襲」と向き合ってきた者がいるとすれば、それは何よりも日本の市民であった。全国各地の空襲被害者たちは、有志の協力を得て、自らの地域の被害をそれぞれで調べ、次世代につなげようと努めてきた。あるいは先述した「豊の国 宇佐市塾」のような市民団体や各自治体が、能《あた》う限りの被害記録収集を積み重ねてきた。

私たち取材班が頼ったのは、こうした地道な努力の結晶だった。まず、自治体が蓄積したデータを集計した本土空襲の最新被害データ（特に地方行財政調査会2016年5月現在のデータ）をベースにした。そして、各都道府県市町村をさらに取材し、現状データの不完全なところについて精査・修正を独自にほどこした。その結果、本土空襲全体による犠牲者の数は、46万人に迫る（45万9564人）ということまでは明らかにできた。確かなものだけを計上した数字なので、実際はこれよりも多いと付言すべきであろう。

さらに、ここで急ぎ付言しなければならないことがもう一つある。私たち取材班は、縷々《るる》述べてきたように、「本土空襲の全貌」に近づくため、こうした史料やデータにこだわってはきた。しかし、本土空襲の被害とは、むろんこのような「数値」に表れたものだけではない。「犠牲」とは、喜怒哀楽のある豊かな人生が、空襲によって突然断ち切られるという戦慄《せんりつ》すべき事態を意味する。

そうした非業の死を強いられた人の数が、46万ということなのである。もっといえば、その46万にはそれぞれに、幾人かの遺族があり、そのそれぞれにも深甚な悲しみが存在する。死には至らずとも、なりわいを蹂躙《じゅうりん》され、心身を荒らされた人はと問えば、さらに倍する数で存在するだろう。「本土空襲の全貌」は、犠牲という面からみると、そのような想像を絶する実態なのである。本書は、本土空襲の様々な数値の正確さを追求すること自体が目的ではない。全体像をありのままに捉えることで、いわば「空襲」という怪物の姿や所作を描きだそうとする試みといえるかもしれない。

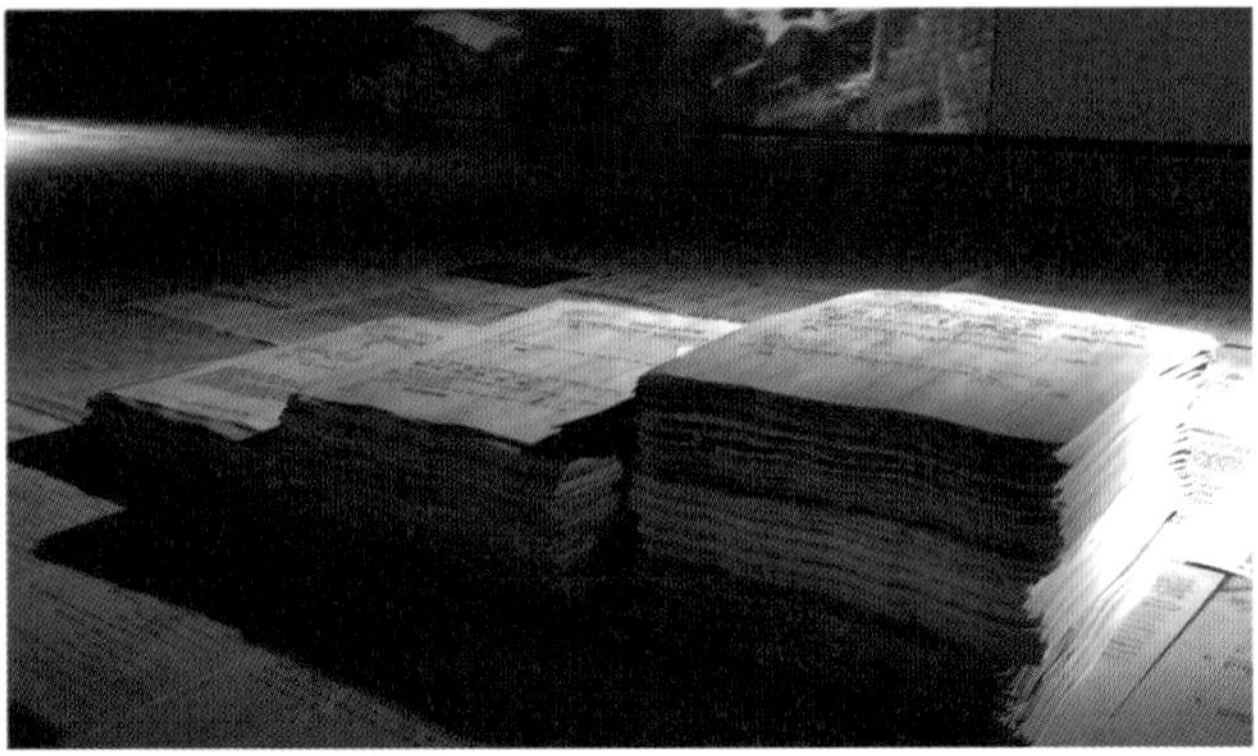

〈戦闘報告書①〉

今回、番組制作にあたり入手したアメリカ軍の戦闘報告書は、およそ２万ページに及んだ

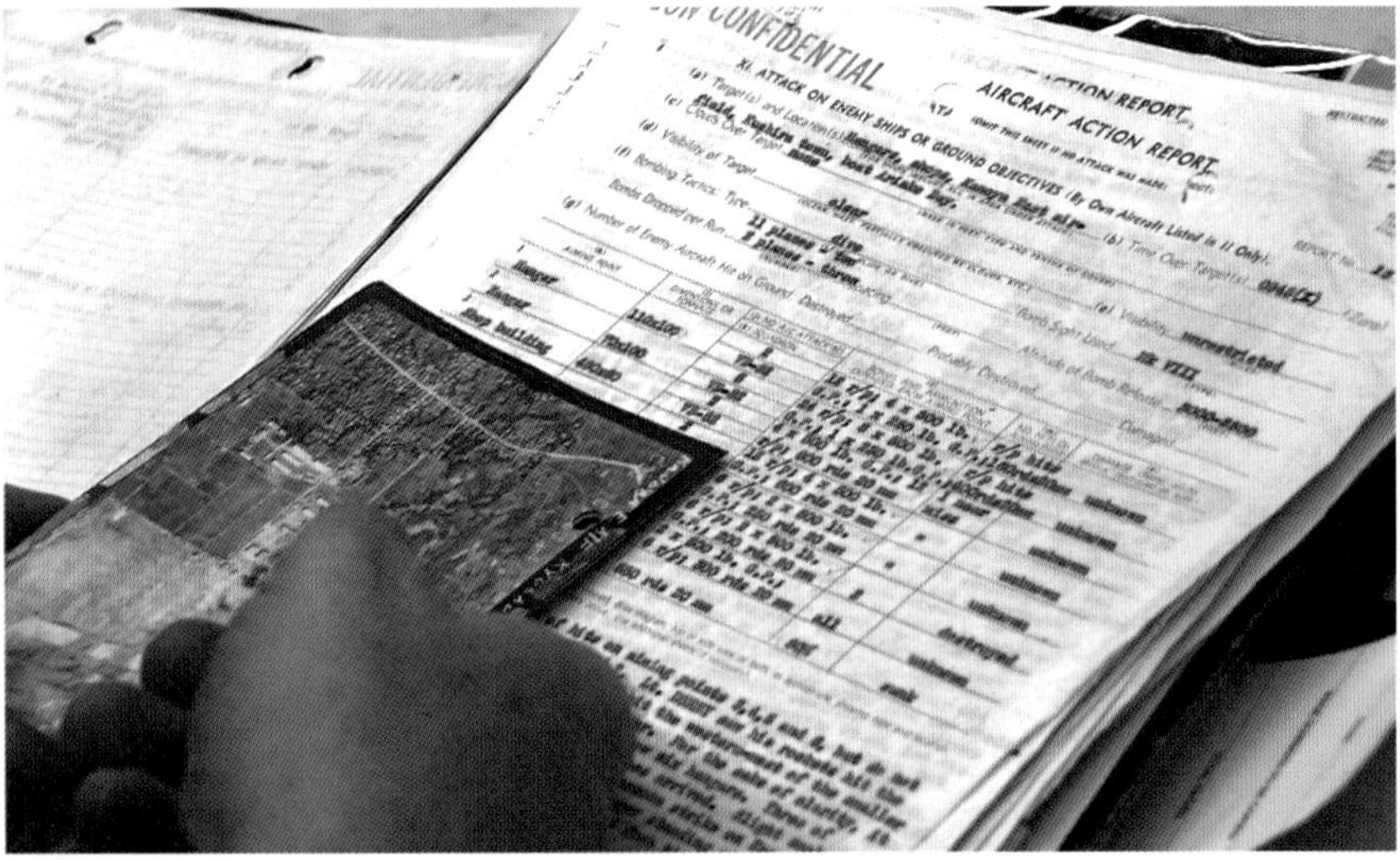

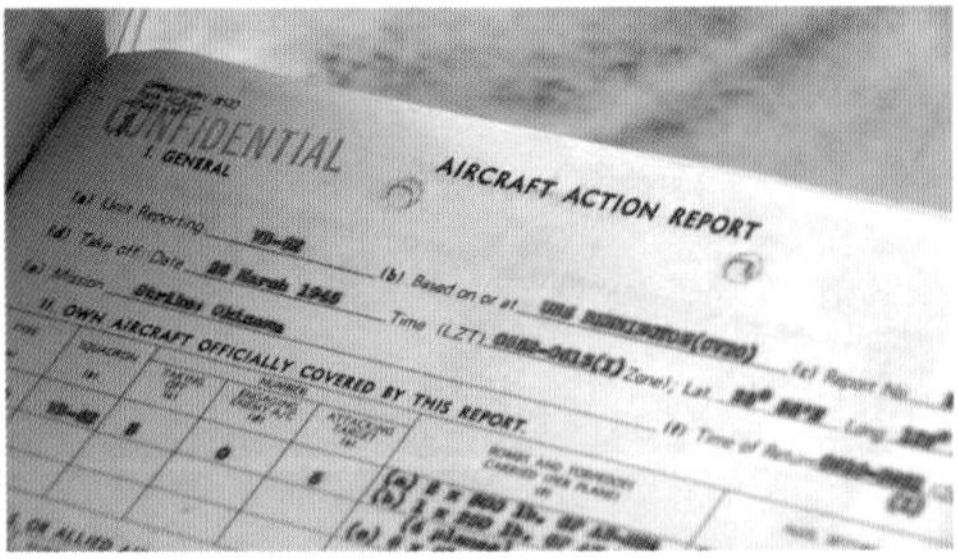

〈戦闘報告書②〉

場所、日時、攻撃目標など、１回の出撃内容が１～４枚程度にまとめられている

3
「精密爆撃」と「地域爆撃」

空襲前に緻密に調べられていた日本の軍事施設

さらに取材班は、アメリカ軍の様々な「作戦計画文書」をも入手し、この解読も進めていった。たとえば、「JAPANESE TARGET DATA（日本の空襲目標資料）」と題された約300ページの作戦資料がある。空襲が本格化する1年前、1943年4月までに、アメリカ軍が日本本土の情況をつぶさに調べ上げ、作成していた攻撃目標のリストである。

攻撃目標として、羽田《はねだ》の飛行場や、呉《くれ》、佐世保《させぼ》、横須賀《よこすか》の海軍基地、浦賀《うらが》、神戸《こうべ》の造船所など、日本の主要な軍事拠点が1000か所ほど列挙されている。さらに、リストの項目を細かく見ていくと、兵器工場や船舶、飛行場、航空機製造工場などの軍関連施設と、電力や鉄鋼、石油、自動車などの生産関連施設の名前が並んでいる。

ところで、敵国領内の非戦闘地域にある軍関連施設などを標的とする爆撃を「戦略爆撃」と言うが、これには大きく分けて2種類ある。選別して軍関連施設だけを狙う「精密爆撃」と、軍関連施設がある地域全体を爆撃する「地域爆撃」である。「地域爆撃」は、非戦闘員を戦闘員と区別せずに攻撃する「無差別爆撃」「絨毯《じゅうたん》爆撃」に往々にして直結するとされる。

当時、国際法からみると、空からの爆撃に関しては、成文法といえるものは存在しなかった。その代わり、第一次世界大戦後の1922年、ハーグ法律家委員会が草案として作成した「空戦に関する規則案」の第22条と第24条が、各国の事実上の規範として定着し、機能していた。

この「空戦に関する規則案」の要点は、ひとつは、一般の非戦闘員を威嚇、負傷させることを禁じていること。もうひとつは、標的を具体的に軍事的目標（「軍隊、軍事工作物、軍事建設物または軍事貯蔵所、明らかに兵器弾薬その他の軍需品の製造に従事する工場であって、重要で公知の中枢を構成するもの、軍事上の目的に使用される交通または運輸線」）に限定する「軍事目標主義」を掲げていることであった。この慣習法の規定に則《のっと》れば、各国は「精密爆撃」以外の戦略爆撃を実行してはならなかったのである。

先述の作戦資料「日本の空襲目標資料」が示しているのは、アメリカ軍が軍関連施設と生産関連施設の両方を狙った「精密爆撃」を早くから緻密《ちみつ》に計画していたという事実である。

しかし、本土空襲の様々な実情は、この空襲が「精密爆撃」というより「地域爆撃」、あるいは「無差別爆撃」に他ならなかったことを明らかに示してもいる。

たとえば、ユタ州ダグウェイで実施された焼夷弾の性能テストに、早くもその方向性が見え隠れしている。この実験用の標的レプリカは日本家屋の住宅だったし、その建物には雨戸や布団、座布団など、市民の生活が再現されていたのである。

実際に、アメリカ軍による「精密爆撃」は、まず初期段階で結果的に誤爆により多くの無辜《むこ》の住民を殺傷し始める。そして次第に爆撃の目標は、生産施設に隣接した居住地域へと拡大していく。爆撃の目的は、都市労働者の能力に打撃を与えること、さらには住民の「戦意」「抗戦意志」を破壊するテロ（恐怖）効果を狙うものになっていった。

それはすでに「精密爆撃」とは言い難い、事実上の「地域爆撃」であり、「無差別絨毯爆撃」への無際限な暴走だった。そして1945年8月、焼け残っていた人口密集地である広島と長崎に、原子爆弾が投下されるのである。

以下、本書第1章からは、時系列に沿いつつ、本土空襲の変質を詳しく見ていく。

空襲がいかに「無差別爆撃」へとエスカレートしていったのか。どのような要因がこのエスカレーションに拍車をかけたのか。ここまで被害が増大する前に、食い止めることはできなかったのか。

現在の戦争においても、空襲はなお反復されている。空襲をいかにして防止するか、その国際的合意を目指す試みは、今も進んでいない。

「本土空襲の全貌」をできるだけ正確に捉え、その戦慄すべき怪物の姿をあらためて見つめることは、今こそ重要になっている。

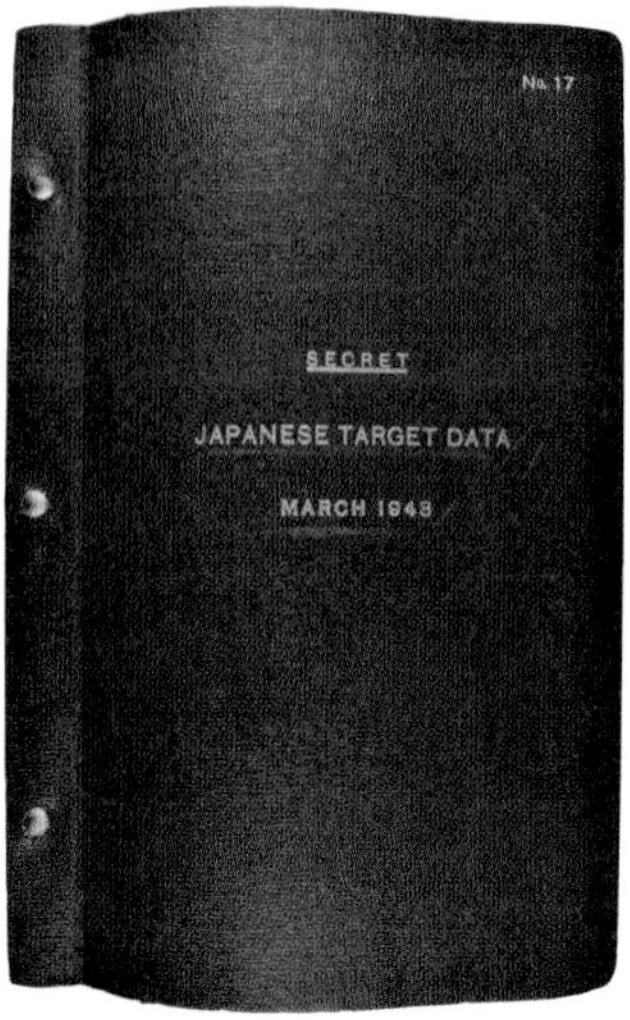

〈JAPANESE TARGET DATA（日本の空襲目標資料）〉

空襲が本格化する１年前の1943年４月までに、約300ページの作戦資料はまとめ上げられていた

SECRET

TABLE II.

SELECTED HARBORS ARRANGED ACCORDING TO SHIPS IN PORT PER WEEK

HARBOR	SHIPS IN PORT PER WEEK	AVERAGE SIZE (TONS)	TOTAL TONNAGE PER WEEK	DISTANCE FROM WAKE						
				0-500	500-750	750-1000	1000-1250	1250-1500	1500-1750	1750&over
Wakamatsu	630	2,400	1,512,000				x			
Osaka	364	2,300	837,200					x		
Tokyo	336	2,100	705,600						x	
Moji	144	3,700	532,800				x			
Nagoya	140	2,100	294,000					x		
Muroran	120	2,200	264,000							x
Yokohama	102	5,000	510,000						x	
Yangtze	96	3,600	345,600		x					
Dairen	66	4,700	310,200			x				
Tsingtao	61	3,700	225,700			x				
Miike	60	2,000	120,000				x			
Ube	52	1,000	52,000				x			
Otaru	48	2,000	96,000							x
Keelung	48	4,000	192,000	x						
Chinwangtao	45	4,700	211,500			x				
Chinnampo	43	5,000	215,000				x			
Karatsu	38	2,000	76,000				x			
Fukuoka	38	2,000	76,000				x			
Kuala Dungun	37	5,000	185,000							x
Shimizu	35	2,000	70,000						x	
Paracale	34	5,000	170,000				x			
Esutoru	25	2,500	62,500							x
Maoka	22	2,500	55,000							x
Tientsin	21	3,000	63,000			x				
Lutong	20	10,000	200,000						x	
Takao	20	4,000	80,000	x						
Honto	19	2,500	47,500							x
Kushiro	19	2,000	38,000							x
Otamari	15	2,500	37,500							x
Seishin	15	5,000	75,000					x		
Saigon	14	5,000	70,000					x		
Batu Pahat	14	5,000	70,000							x
Palembang	13	10,000	130,000							x
Shikuka	12	2,500	30,000							x
Bangkok	12	5,000	60,000					x		
Tandjong Pinang	9	5,000	45,000							x
Campha	8	5,000	40,000		x					
Hongai	8	5,000	40,000		x					
Konan	7	3,000	21,000				x			
Tashito	7	4,000	28,000				x			
Rashin	6	5,000	30,000					x		
Niitaka	6	4,000	24,000	x						
Masinloc	6	5,000	30,000			x				
Endau	6	5,000	30,000							x
Kota Bahru-Tumpat	6	5,000	30,000						x	
Kolaka (Padamarang)	6	5,000	30,000							x
Pankalan Susu	6	10,000	60,000							x
Surabaya	5	5,000	25,000							x
Port Redon	5	5,000	25,000		x					
Haiphong	4	5,000	20,000		x					
Rangoon	4	5,000	20,000					x		
Kemaman	3	5,000	15,000							x
Balikpapan	3	10,000	30,000							x
San Fernando La Union	2	5,000	10,000			x				
Fusan	2	3,000	6,000				x			
Tarakan	2	10,000	20,000						x	
Pambujan Sur	1	5,000	5,000					x		

SECRET

攻撃目標リストには、横浜、浦賀をはじめ、空襲目標となる日本各地の地名が列挙されていた

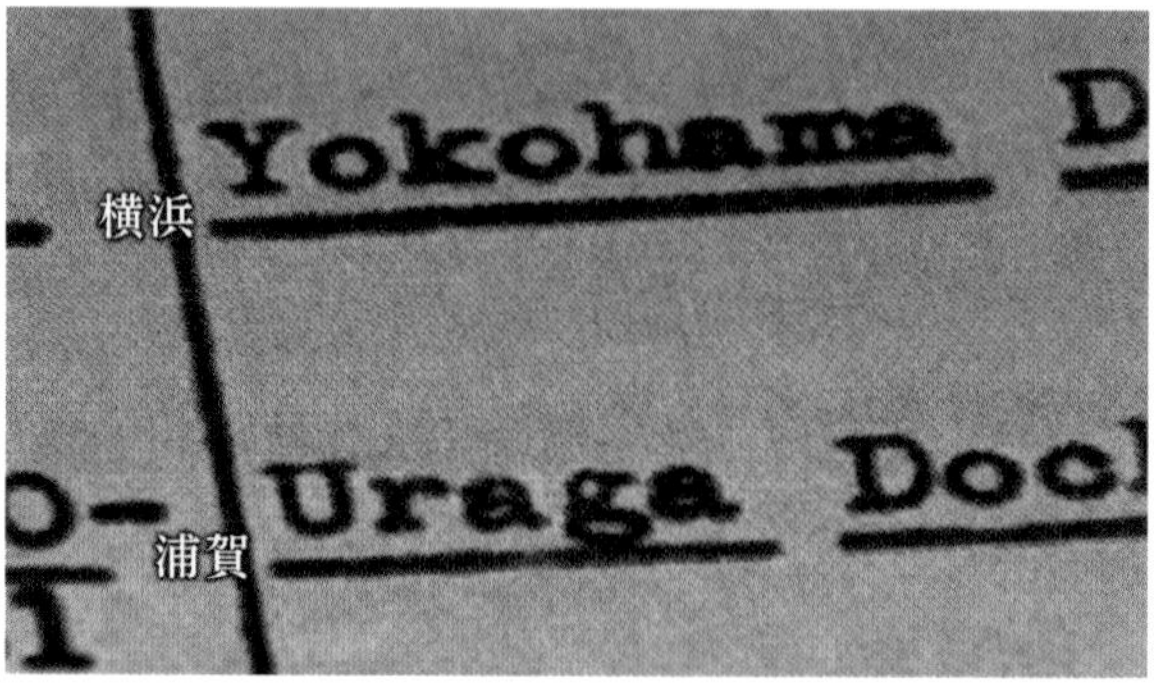

第1章

本土空襲のために必要だったマリアナ諸島

1 超空の要塞B－29の完成と前線基地としてのマリアナ諸島

2 1944年11月24日、東京への空襲開始。そのとき住民たちは？

3 初めての本土空襲は真珠湾攻撃からわずか4か月後だった

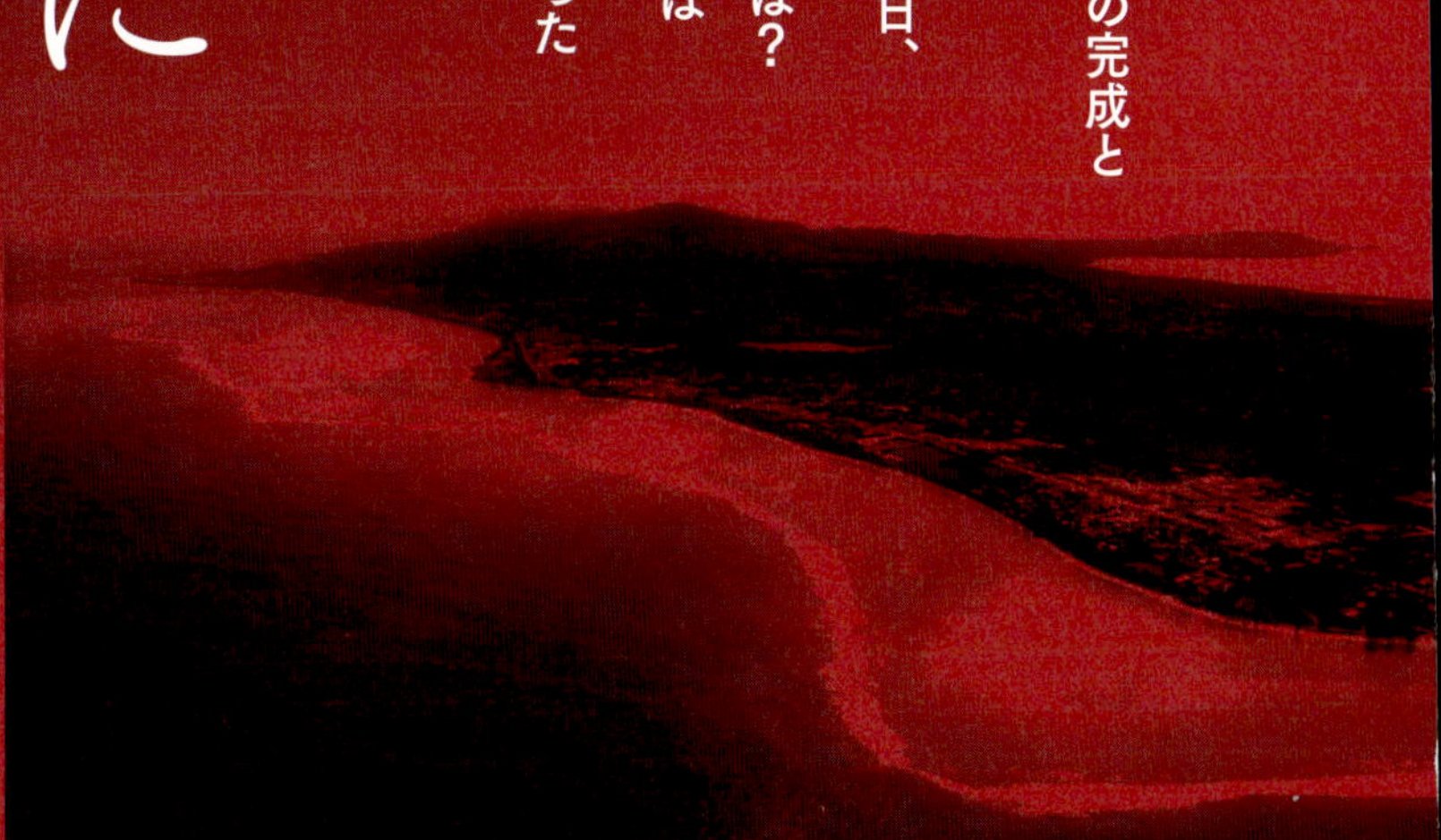

1

超空の要塞B－29の完成と前線基地としてのマリアナ諸島

4年の歳月と30億ドルの費用をかけて開発されたB－29

46万人という犠牲者を出した日本本土への空襲。その未曾有の被害を現実のものにしたのが、1944年に実戦配備されたアメリカ軍の爆撃機「B－29」だった。

開発が始まったのは第二次世界大戦勃《ぼっ》発《ぱつ》直後の1939年12月。広大な太平洋を飛び越えて行動できる爆撃機を求め、4年の歳月と30億ドルの予算を投入して完成にこぎつけた「超重爆撃機」だ。大きさは全長30・2メートル、全幅43・1メートル。それまで主力で使われていた爆撃機B－17（全長22・8メートル、全幅31・7メートル）に比べて二回り大きく、日本では「超空の要《よう》塞《さい》」と呼ばれ恐れられた。

航続距離はこれまでの約2倍の6000キロメートル。機体中央に設けられた爆弾倉には、最大9

トンの爆弾や焼夷弾が搭載できた。B－29の開発成功によって、アメリカ軍は日本本土を空襲できる兵器を手に入れた。

本土空襲のために狙われたマリアナ諸島

本土空襲を実現させるため、B－29の開発とともに行っていたことがある。空襲の際に狙う攻撃目標の洗い出しだ。どこを空襲し、何を破壊すれば日本の兵力を効果的にそぎ落とせるか。1943年3月にアメリカ陸軍航空隊参謀部の作戦立案部長がまとめさせた「JAPANESE TARGET DATA（日本の空襲目標資料）」には兵器工場や飛行場、航空機製造工場など1000か所以上がリストアップされていた。

B－29の開発と攻撃目標の選別、本土空襲の準備を整えたアメリカは、その実行に向けた侵攻を開始する。「日本打倒総合計画」で示されたのは、日本周辺に基地を設け、集中的な爆撃を加えること。その中で注目したのが、東京まで約2400キロメートルの位置にあるマリアナ諸島・サイパン。当時日本の委任統治領だったサイパンを奪い、B－29の基地を作ることで空襲の拠点にしようと考えたのだった。こうしてアメリカ軍は、6月15日を上陸日とするサイパンへの侵攻作戦を決定した。

一方、日本はそれまでの戦争指導方針の大幅改定を迫られていた。「大東亜共栄圏」の建設を目的にアメリカとの戦争に踏み切ったものの、その戦局は1943年2月のガダルカナル島の敗戦以降劣勢に立たされ、戦線の縮小を余儀なくされていたのだ。9月、大本営は新たな戦争指導方針を策定。今後絶対に確保すべき地域、いわゆる「絶対国防圏」を設定した。この絶対国防圏を確立することで日本の勢力圏の防衛線を強化、アメリカ軍の反撃を阻止しようと考えたのだ。サイパン島は日本にとって絶対国防圏の最前線の要衝とされ、島には4万を超える兵力が投入された。

そうして迎えた1944年6月11日。マリアナ諸島に近接したアメリカ軍は空母から戦闘機を発艦、サイパン島と周辺の島々へ攻撃を開始。15日早朝に始まった上陸作戦では、迎え撃つ日本軍と水際での激しい攻防が繰り広げられた。しかし、圧倒的な戦力差に日本軍はなすすべもなく、7月9日、アメリカの勝利宣言をもって日米の攻防戦は終結。その後、アメリカ軍は続けざまにグアム、テニアンへと上陸。テニアンでは8月3日、グアムでは8月11日に日本守備隊の組織的な抵抗が終わった。

アメリカ軍の戦闘機に取り付けられたガンカメラには、当時の様子が克明に記録されていた。機銃掃射により次々と撃ち落とされていく日本の戦闘機や、家屋への徹底的な爆撃。それらのガンカメラ映像はアメリカのドキュメンタリー映画「The Fighting Lady」でも使用され、一般にも公開された。映画では他にも、「次の目標は東京だ！　戦い抜いて勝利を収めたら全員でパーティーだ！」と兵士たちを鼓舞する様子が映し出され、国を挙げて日本への空襲を推し進めた様子が見て取れる。

マリアナ諸島を占拠したアメリカ軍は、急ピッチでB－29のための基地建設を開始した。8月上旬、最初に占領したサイパンの南端には長さ1・8キロメートルの滑走路を持つ基地、イスレイフィールド（Isley Airfield）が完成。基地には100機を超えるB－29が集結し、本土空襲の準備が整った。

〈超空の要塞B-29〉

カンザス州ウィチタ (Wichita) の工場で生産ラインに並ぶ B-29（上、1944年 9 月 21 日撮影)、焼夷弾を投下する B-29（右、1945 年 5 月 29 日撮影）
所蔵：米国国立公文書館

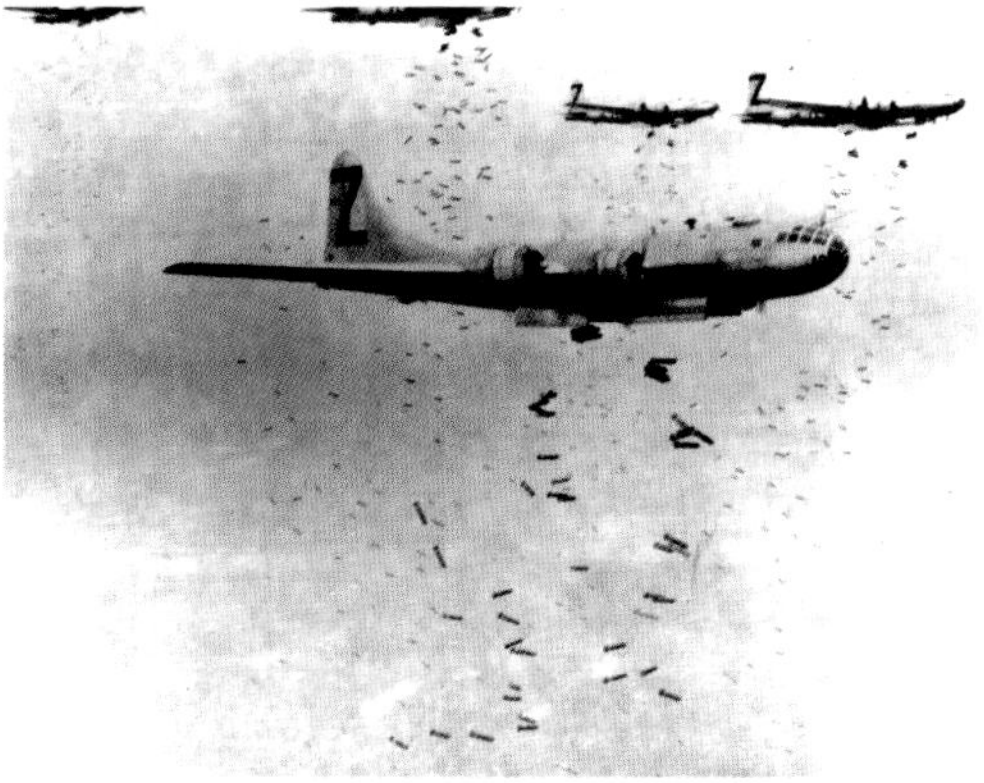

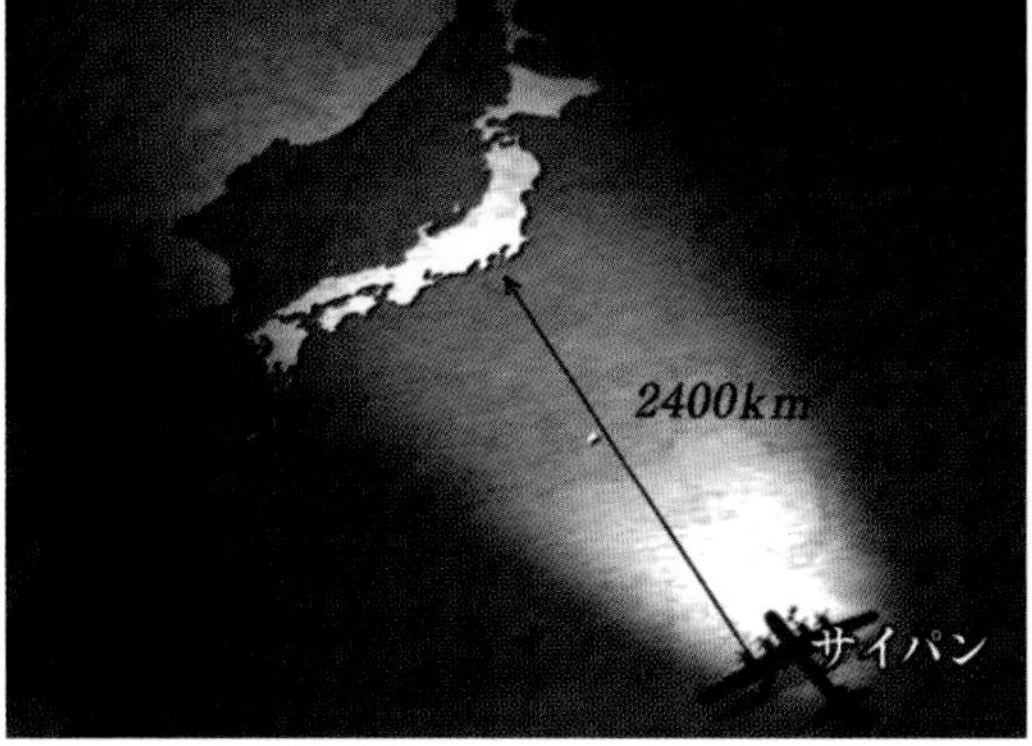

〈サイパンと
日本の距離〉

サイパンから日本本土までの距離は約 2400 キロ。B-29 の航続距離があれば、爆弾を積んで日本までの往復が可能に

2

1944年11月24日、東京への空襲開始。そのとき住民たちは？

最初の標的は「ゼロ戦」エンジン製造の中島飛行機武蔵製作所

Ｂ－29による東京空襲の最初の標的として選ばれたのが東京都北多摩《たま》郡（現・武蔵野《むさしの》市）にあった中島飛行機武蔵製作所だった。当時、中島飛行機武蔵製作所では日本の主力戦闘機として恐れられていた「ゼロ戦（零式艦上戦闘機の通称）」をはじめとする軍用航空機のエンジンが作られていた。その生産量は日本全体の約3割で、国内屈指の軍需工場だった。

当時、周辺に住んでいた島津《しまづ》好江《よしえ》さん（当時11歳）は空襲が始まる直前、見慣れない大型の飛行機がはるか上空を飛んでいるのを目撃したという。

「飛行機雲がずーっとね、青いところにチョークで書いたみたいに、だんだん伸びていくんですよ。でも何もしないから、楽しんで見てたの。それがある日突然、爆弾が落ちたもんだから、本当にね、みんな大変でしたよ」

島津さんが目撃したのはＢ－29爆撃機を改造したＦ－13写真偵察機。１９４４年11月1日に飛んだ写真偵察機は、１回の飛行で７０００枚ものネガを持ち帰っている。24日の空襲を前にアメリカ軍は17回の偵察飛行を繰り返し、写真撮影と気象観察を徹底して行っていた。

そして迎えた11月24日。念入りな偵察のもと、マリアナから初めての本土空襲が決行された。

B-29の爆弾投下を目の前で目撃した島津好江さん（上）、中島飛行機武蔵製作所近くに住んでいた延命寺住職の中里崇亮さん（下）

メインターゲットの中島飛行機武蔵製作所から２００メートルの位置にある寺の住職、中里崇亮《なかざとすうりょう》さん（当時８歳）は、当時経験した初めての空襲についてこう語る。

「空襲が起きたときは学校に行っていて、空襲警報が出たとたん、自宅に避難するように指示が出た。それで集団下校をすることになって、帰宅途中、突然、ガラガラガラーッ、ダーンと音がした。爆弾が１キロほど先に落ちて、土煙がわっと舞ったのを覚えている。

工場のすぐ前ではコールタールを燃やしていて、黒い煙をドッドッドとたいていた。煙幕を出して目くらましのつもりだったんだろうけど、あまり役に立たなかった」

平均1万メートルの高高度から爆撃を繰り返すB－29に対抗できる戦闘機も高射砲もなく、迎撃できなかった日本軍。コールタールを使った目くらましは苦肉の策だった。

その後、繰り返し行われた空襲で、中里さんの寺には計40人近くの空襲犠牲者が埋葬されることとなった。戦後から73年がたった今も、中里さんの脳裏には当時の記憶がよみがえるという。

「毎日のように爆撃機が飛んで来る。逃げなきゃだめだから、満足に寝ることもできなかった。寺には爆弾で死んだ人が一斉にリヤカーで運ばれてきて、葬式もままならなかった。今でも飛行機が飛んだり、工事現場の音を聞いたりするとB－29が思い出され、嫌な感じがする」

終戦までにアメリカ軍が中島飛行機武蔵製作所を爆撃した回数は少なくとも9回。７５０機以上のB－29が投入され、空襲が繰り返されることとなった。また、爆撃以外にも偵察や写真撮影を目的にアメリカ軍機は何度も北多摩郡上空を通過。そのたびに空襲警報が出され、市民たちの生活を脅かし続けたという。

「家族みんなで一緒に防空壕に入ると一家全滅が各所で起きたので、家族そろって同じ防空壕に入ってはいけないと言われるようになった。父親に『隣の防空壕に行け』と言われ、一人、不安の中、空襲に耐えることが多かった」（中里さん）。

精密爆撃と言いながらも命中率は7％の低さだった

しかしなぜ、ここまで執拗《しつよう》に中島飛行機武蔵製作所は空襲にあったのか。その原因は爆撃の精度の低さにあった。

アメリカ軍の作戦任務報告書によると、11月24日の空襲で中島飛行機武蔵製作所に命中した爆弾は7％。その大多数は飛行場周辺に落ちたことが記載されている。アメリカ側は軍事施設への〝精密爆撃〟と銘打ちながらも、大半を関係のない民間の居住地にばらまいていたのだった。

精度のあがらない精密爆撃は全国の大都市へと広がり、年が明けた1945年の1月からは愛知、兵庫などの飛行機工場を相次いで爆撃。2か月の間に、のべ1031機のB－29が13回の空襲を行ったが、大多数は失敗していた。

その原因は日本の上空の天候にあった。B－29で爆撃を行う際、アメリカ軍は日本軍の迎撃を避けるため、1万メートルの高高度から爆撃を仕掛けていた。しかし、日本の上空は西から東に強風が吹く、ジェット気流地帯であった。風速100メートルにも達するジェット気流に巻き込まれたB－29はたちまちコントロールを失い、攻撃目標からはるかに離れた場所へ爆撃することも多かったのだ。13回の爆撃のうち、目標を爆撃できた回数は約半分。その数字は、巨額の資金を投入して作られたB－29の戦果としては決して満足のいくものではなかった。

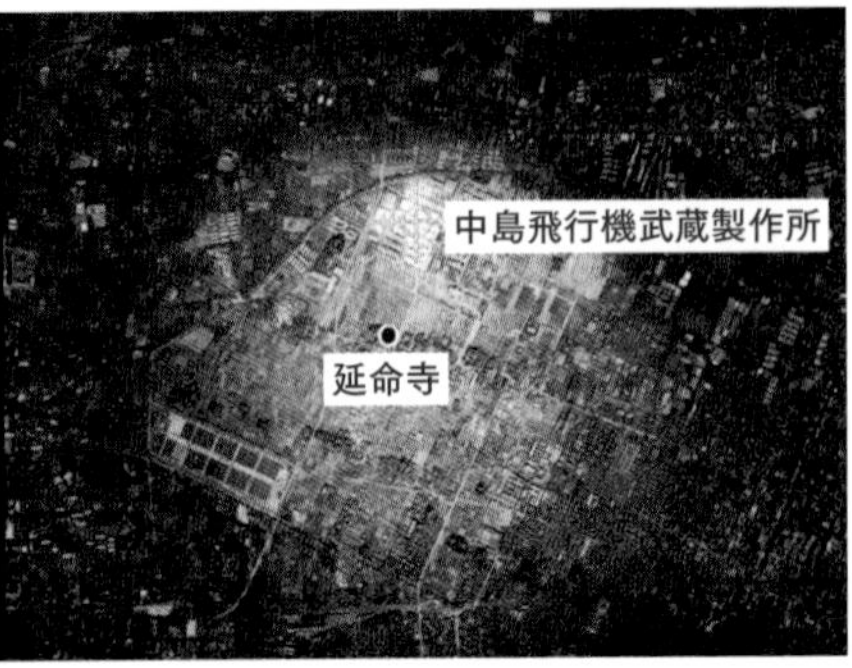

〈中島飛行機武蔵製作所〉

東京都北多摩郡にあった中島飛行機武蔵製作所（左、所蔵：株式会社 SUBARU）。中島飛行機への爆撃だったが、200 メートル離れた延命寺をはじめ、周辺への被害が拡大した

〈延命寺にある250キロ爆弾〉

延命寺内に置かれている 250 キロ爆弾の破片。中島飛行機武蔵製作所近くで見つかった

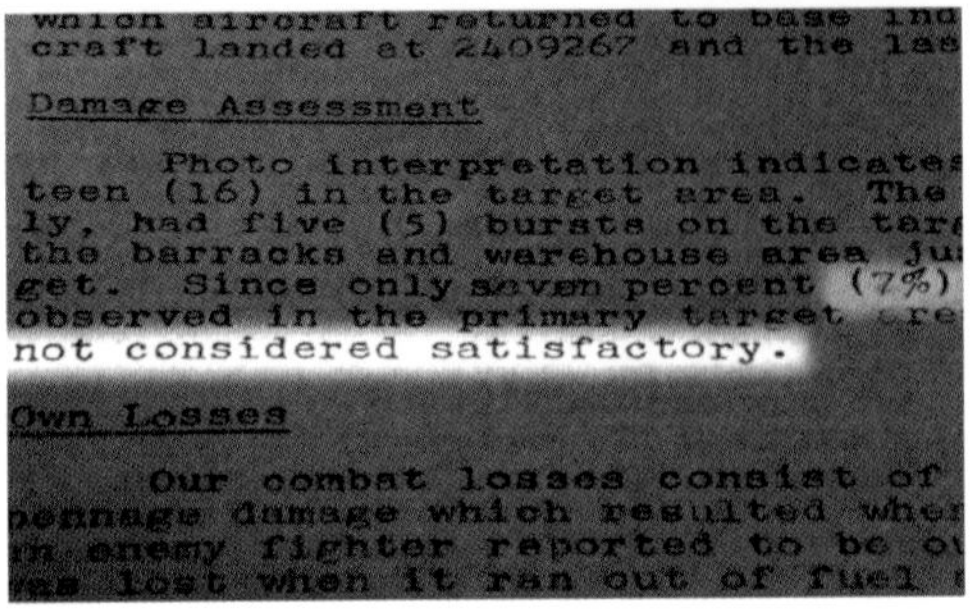

which aircraft returned to base ind
craft landed at 2409267 and the las

Damage Assessment

Photo interpretation indicates
teen (16) in the target area. The
ly, had five (5) bursts on the targ
the barracks and warehouse area ju
get. Since only seven per
observed in the primary target
not considered satisfactory.

Own Losses

Our combat losses consist of
pennage damage which resulted wher
n enemy fighter reported to be ov
as lost when it ran out of fuel

〈B-29の作戦任務報告書〉

1944 年 11 月 24 日の作戦任務報告書。第 1 目標だった中島飛行機武蔵製作所に命中した爆弾は全体の 7 %と記されている

3

初めての本土空襲は真珠湾攻撃からわずか4か月後だった

初空襲によって死者10人、重傷者34人の被害が出た荒川区

1944年11月24日から始まったB－29による本格的な本土空襲。実はそれより以前に日本本土がアメリカ軍から空襲を受けていたことを知っているだろうか。

「ドーリットル空襲」。1941年12月8日、日本軍によるハワイ真珠湾への奇襲攻撃の報復として、1942年4月18日に行われたアメリカ軍による本土初空襲だ。

フランクリン・D・ルーズベルト大統領を中心に進められた初空襲の狙いは、日本人の誇りを打ち砕き、米国民や将兵たちの士気を高めること。長距離爆撃を行うことができる艦上爆撃機を保有していなかったアメリカ軍は、航続距離の長い陸上爆撃機を空母から発艦、爆撃したのち中国大陸に着陸させるという陸海軍共同の作戦で日本本土を空襲したのだった。

荒川区で日本初の空襲を経験した堀川喜四雄さん

本土を初めて襲った「ドーリットル空襲」は日本にどのような影響を与えたのか。東京・荒川《あらかわ》区で空襲を経験した堀川喜四雄《ほりかわよしお》さん（当時9歳）はそのときの様子をこう語る。

「土曜日の午後、小学校から帰って一人で留守番をしているとき、突然、ドカンという大きな音とともに家の中が真っ暗になってね。その後、すぐに家の至る所から火が出て逃げ場がなくなった。爆風で吹き飛んだのか、台所の流しの上の窓だけがなくなっていて、そこから無我夢中で逃げ出した」

空襲が起きたときの対策として、学校や親からたびたび話を聞かされていた堀川さん。しかし、実際に体験した空襲はその想像をはるかに超えていたという。

「外に飛び出すと、あたりは一面火の海になっていた。裏の家のおばあさんは爆弾か焼夷《しょうい》弾の破片で頭をけがして、血だらけでよろよろになって出てきた。そのすぐそばでは、たまたま行商に来ていた魚屋のおばさんが片手を失って倒れていた。そういう悲惨な状況で、自分自身も命からがら逃げるのに精いっぱいだった」

あたり一面火の海と化す中、近所の人たちとともになんとか高台へと避難した堀川さん。火柱を上げる自宅を眺めていると、急に後ろの方から大きな音がしたという。

「大きな音がするので見てみると、日本軍がバンバンと高射砲を撃っていた。すでに空襲を受けて15分くらいたっていたから敵機はとっくにいなくなっていたのに。自宅に戻れたのはそれから4時間くらいたった夕方頃。すでに火は消えていたけど、家は跡形もなく、立ち入り禁止になっていた」

アメリカ軍が投下したのは500ポンドの爆弾3発と焼夷弾1発。本来の爆撃目標は赤羽《あかばね》にあった陸軍造兵廠《ぞうへいしょう》の兵器庫だったが、目標の確認が十分にできず、結果的に堀川さんたちの住んでいた荒川区にばらまかれることになったと見られている。

この空襲による被害は死者10人、重傷者34人、軽傷者14人。堀川さんの幼なじみもわずか8歳で命を落とした。しかし、空襲後、地元でその被害が語られることはなかったという。

「10人の方が亡くなったけれど、それに対する追悼とか、哀悼の意を示すことはなくて、まだまだ戦争に勝つんだとイケイケドンドンの雰囲気。初空襲はたまたま遭った交通事故みたいなものであって、また空襲があるってことを考える人はいなかった。ドーリットル空襲では私が住む地区の他にも、神奈川、愛知、三重や兵庫が空襲にあったが、新聞では〝被害は軽微〟とだけ知らされ、その全容も隠されてしまった。先生からは被害のことは口にするなと言われ、長年口にもできなかった」

空襲の第一報を伝えた当時の新聞には「九機を撃墜、わが損害軽微」と報じられた。しかし、実際に日本軍は米軍爆撃機を1機も撃墜できていなかった。さらに市街地に投下された爆弾、焼夷弾、機銃掃射による死者は全国で80人以上、人的被害は600人近くにのぼり、日本本土への初空襲としては決して小さな被害とはいえなかった。

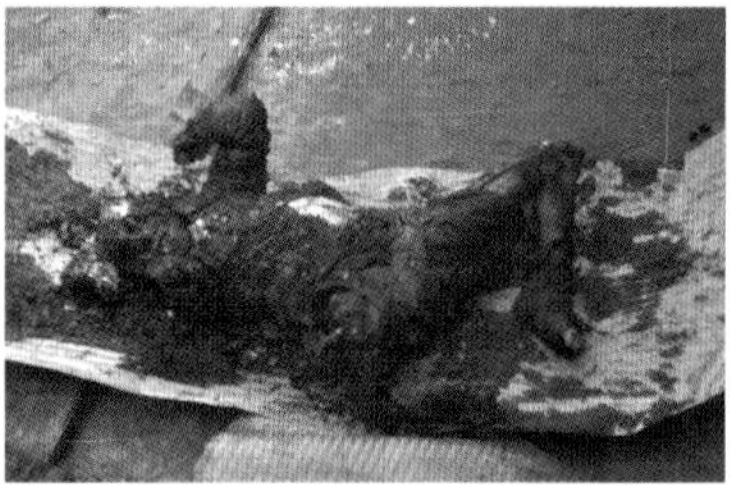

〈本土初の空襲〉

東京都荒川区尾久の空襲焼跡（1942 年 4 月 18 日、撮影：石川光陽）（上）、焼死した 8 歳の子どもは、堀川さんと幼なじみだった（1942 年 4 月 18 日、撮影：石川光陽）（右）

〈空襲を伝える新聞〉

当時の空襲の状況を伝えた朝日新聞と東京日日新聞の紙面（1942 年 4 月 19 日付け）

夕刊 朝日新聞

けふ帝都に敵機來襲

九機を撃墜、わが損害輕微

東部軍司令部發表（十八日午後二時）一、午後零時三十分ごろ敵機數方向より京濱地方に來襲せるも、我が空地兩航空部隊の反撃を受け、逐次退散中なり、現在までに判明せる敵機撃墜數は九機にして我が方の損害は輕微なる模様、皇室は御安泰に亙らせらる

沈着な隣組の大活躍

當局者談

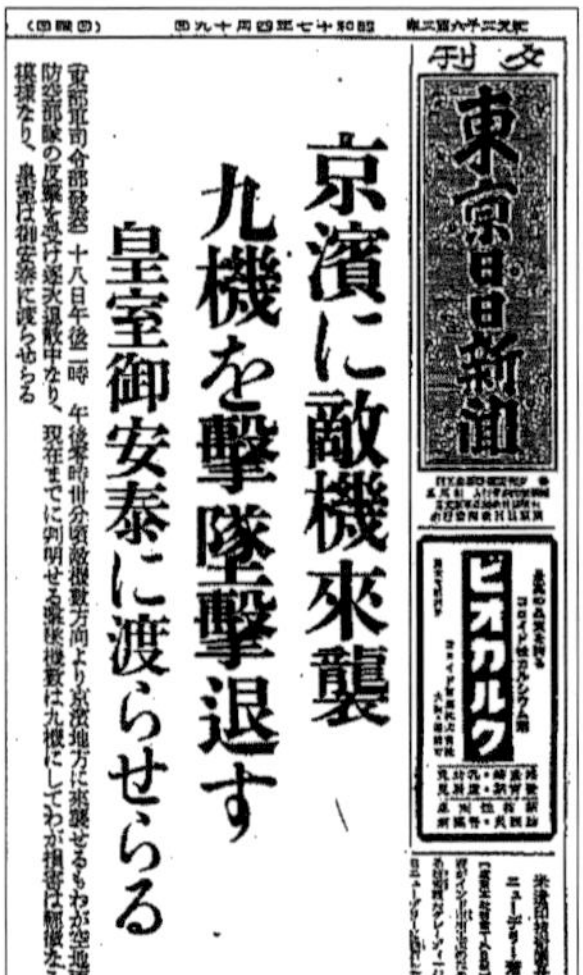

夕刊 東京日日新聞

京濱に敵機來襲

九機を撃墜撃退す

皇室御安泰に渡らせらる

（東部軍司令部發表）十八日午後二時 午後零時卅分頃敵機數方向より京濱地方に來襲せるもわが空地兩防空部隊の反撃を受け逐次退散中なり、現在までに判明せる撃墜機數は九機にしてわが損害は輕微なる模様なり、皇室は御安泰に渡らせらる

第2章

米指揮官交代、「精密爆撃」から「無差別爆撃」へ

1 軍事目標だけを狙った精密爆撃は至難の業

2 新指揮官・ルメイは無差別爆撃に作戦を転換

1

軍事目標だけを狙った精密爆撃は至難の業

高高度の爆撃をさらに難しくしたジェット気流

1944年11月に本格的な日本空襲がはじまって以来、アメリカ軍がとっていた方針は、日本の重要な軍需産業施設など軍事目標だけを狙って爆弾を落とす「精密爆撃」という方法だった。それをB－29の性能を生かして高高度から行っていた。

理由の一つが、日本軍の抵抗による損失を防ぐためだ。対空砲や戦闘機が届かないより高い高度を飛ぶことで、被害を最小限にとどめることができる。日本の陸軍および海軍は対空砲のほかに、戦闘機による邀撃《ようげき》を行っていた。陸軍の「屠龍《とりゅう》」「飛燕《ひえん》」「鍾馗《しょうき》」などの戦闘機がB－29を迎撃して上空を守ろうとし、また「ゼロ戦」や「紫電改《しでんかい》」など海軍の戦闘機も軍港や主要航空機工場などを守るべく隊をなしていた。

さらに、日本軍戦闘機はＢ－29が侵入してくる高度８０００メートル以上へ上がることが困難だったため、あらゆる装備を外して軽量化しＢ－29に体当たりする空対空特別攻撃隊「震天制空隊《しんてんせいくうたい》」も結成されていた。

こうした日本軍の反撃は、少なからずアメリカ軍を苦しめていた。アメリカに残されていたフィルムの中には、日本軍の迎撃戦闘機が飛ぶ中を飛行するＢ－29、そして無数の銃弾の痕《あと》が残るＢ－29がマリアナ基地に駐機されている様子が残っている。

基地に戻ってくることができない機体が多くあったことも確かだ。機体の損失もさることながら、撃墜されれば搭乗員の命も奪われてしまう。運よく機体を脱出して助かっても、日本軍にとらわれて捕虜となるものも少なくなかったのだ。

一方で、敵の攻撃を受けづらい高高度からの爆撃は至難の業だった。日本の本土上空には想定していなかった「ジェット気流」が吹き荒れ、厚い雲に視界を阻まれることが多かったからだ。

今回の取材で、日本本土への空襲に22回参加したＢ－29の搭乗員デイビッド・レマールさん（取材当時92歳）に話を聞くことができた。レマールさんは、関東地方などへの空襲に参加。Ｂ－29の尾部に座って機関銃を操作し、日本軍戦闘機の攻撃を警戒する任務にあたっていた。

日本への爆撃に参加したときの状況について、「ターゲットは地図で把握していましたが、日本の上空は天候が不安定でいつも嵐が吹き荒れていました。ですから高度を上げたり下げたりしていたんです」と語った。

市民を巻き込んではいけない国際ルールはあったが……

高高度から軍事目標だけを狙って爆弾を落とす「精密爆撃」は失敗続きだった。成果が出ないことに焦るアメリカ・ワシントンの陸軍航空軍司令部からは、軍事目標を含む広範囲に爆弾を投下する方法をとってはどうかと指示が出されたこともあったが、およそ3か月の間、精密爆撃が継続された。

この時期、マリアナ基地のB－29による日本本土空襲を指揮していたのはヘイウッド・ハンセル将軍。精密爆撃の権威である。目標を確実にとらえる精密爆撃にこそ爆撃の理念があると強く信じていた人物だった。

そもそも空襲という戦争の方法には、国際的なルールが決められていた。それは市民を巻き込んではならないというものだ。1922年、オランダのハーグで、当時軍事大国だったアメリカやイギリス、日本など6か国が集まり、戦争のルールについて会議が開かれた。

ここで話し合われた空戦法規には「攻撃は軍事目標に限る」「市民への爆撃は行ってはならない」と書かれている。市民が居住する地域に爆弾を投下し多くの人を巻き込んでしまうような方法、つまり無差別爆撃はしてはならないというルールである。しかし、ハンセルが指揮するB－29部隊が日本本土空襲で成果をあげられない中、市街地を含む広範囲に爆弾を投下する方法をとるべきだという声が、アメリカの上層部では次第に強くなっていたのだった。

実はそもそも、マリアナ基地のB－29による日本本土空襲は、精密爆撃と、多くの市民を巻き込む無差別爆撃、両方の方針をもって始まった。攻撃開始の前月、1944年10月にまとめられた対日空襲の方針には、優先する目標として航空機産業施設（精密爆撃を想定）と、工業市街地（無差別絨毯《じゅうたん》爆撃を想定）の二つが書かれているのだ。日本に対する空襲の方針が議論され始めた頃から、アメリカは二つの方針のどちらをとるかで意見が分かれていた。

ターゲットは軍事目標に限るという空襲のルールがある一方で、ヨーロッパ戦線でのイギリス軍・ドイツ軍による空襲の実績から「敵国の消耗を早めるためには、市街地に無差別に爆弾を落とす絨毯爆撃の方が効果的だ」という意見も大きくなっていたのだ。マリアナ基地からの日本本土空襲が始まる前、すでにヨーロッパでは空襲のルールが崩壊しかけていた。最初は精密爆撃を試みていたイギリス軍とドイツ軍が、ドイツ軍の誤爆をきっかけに絨毯爆撃の応酬をするようになっていたのだ。

民間人に多くの犠牲者を出した代表的なものは、ドイツ軍によるロンドン空襲、またイギリス軍によるハンブルクなどへの空襲。いずれも市民を恐怖におとしいれた。

イギリスはアメリカに対して絨毯爆撃へ参加するよう依頼したこともあったが、ルールを重視していたアメリカは断った。しかし日本との戦争が長引く中で、より効果的とされる絨毯爆撃を採用すべきだという声が強くなっていった。

〈無数の銃弾の痕が残るB-29〉

日本軍戦闘機の機銃弾の痕が残るB-29。中には大きな穴があいた機体もある

〈B-29の搭乗員
デイビッド・レマールさん〉

レマールさんが所属したB-29の搭乗員たち（上）。B-29では、操縦士や機関士の他に、機関銃を構え日本軍機を迎撃する隊員など、複数の搭乗員が任務にあたっていた

2 新指揮官・ルメイは無差別爆撃に作戦を転換

日本の木造家屋用の新型焼夷弾を開発

中島飛行機武蔵製作所をはじめとする軍事目標への精密爆撃が成果をあげることができない中、その手法にこだわり続ける指揮官ハンセルに、1944年12月ワシントンの陸軍航空軍司令部は方針転換の指令を出す。それは市街地に焼夷弾《しょうい》を使った空襲を行えというものだった。巨額の開発費をかけて完成させ、大量発注をしていたB－29で目立った戦果をあげられない状況に、強い危機感を抱いていたのだ。

そしてもう一つ、新たに開発された武器の存在が、精密爆撃からの撤退を迫ることになった。石油会社も巻き込んで作り上げた新型の焼夷弾だ。投下すると、粘り気を加えたガソリンを充塡《じゅうてん》した小さな爆弾がばらまかれるというもので、燃焼力が高く消火しにくい工夫が施されていた。広範囲にわたってあらゆる物を焼き尽くすことができるこの新兵器は、実物大の日本の家屋を再現してその効果を検証する実験を繰り返して生み出されたものだった。

この実験の様子を記録したアメリカのフィルムには、「日本人は薄っぺらい木造家屋が密集した街で暮らしている。そこで2階建ての家屋を再現し、焼夷弾による延焼実験を行った」という音声が残されている。

ワシントンでは、日本を攻撃するために作られた新兵器を早く試し、効果を見極めたいという考えが大きかった。しかし、ハンセルはこの指令も無視。そして、12月下旬に立て続けに行った精密爆撃では、またしても大きな成果をあげることができなかった。

翌1945年1月、アメリカ陸軍航空軍司令部はハンセルの解任を決定する。かわりに指揮官となったのは、ある方法で頭角をあらわしたカーチス・ルメイ将軍だった。ハンセルが精密爆撃に失敗し続けていた頃、ルメイは中国・成都《せいと》の基地からB－29を出撃させ、中国にある日本軍の基地を広範囲にわたって焼夷弾で攻撃し、戦果をあげていたのだ。これは軍の上層部を満足させるものだった。

ハンセルにかわってマリアナ基地のB－29部隊の指揮官となったルメイ。軍需工場に命中させるのが難しいならば、都市全体を住民もろとも標的にすればいいという作戦へと転換。民家の中には小さな工場も入り交じっているという考えで、あくまで市民への無差別爆撃ではなく、重要産業や戦略目標への攻撃であるとした。

この指揮官の交代が、東京をはじめとする主要都市の〝大空襲〟の布石となった。

空襲のルールを最初に破ったのはドイツと日本だった

市民の暮らしを根こそぎ奪ってしまうような都市への無差別爆撃。空襲の標的は軍事目標に限るというルールを守り続けてきたアメリカにとって、大きな方針転換であった。

皮肉なことに、この空襲のルールを最初に破ったのは、実は日本とドイツであった。1937年4月、ドイツ軍が行ったゲルニカ爆撃では、スペイン北部にある小さな都市を3時間で壊滅させ、2000人を超える死傷者を出した。そして翌年、日本軍は長距離爆撃機を使って中国の都市部を爆撃し始める。代表的なものが、国民政府の臨時首都があった重慶《じゅうけい》への爆撃。1938年から5年半で200回以上空襲。焼夷弾も使った攻撃で1万人以上が犠牲になった。これは都市に継続的な無差別爆撃を行った史上初の例だった。

日本軍は、夕方や夜間など迎撃を受けにくい時間帯を選んで空爆した。目標物を十分に確認できないため、やみくもに爆弾を落とすことも多く、結果、無差別な攻撃が何度も行われることとなった。

重慶爆撃の惨状は、アメリカでも伝えられた。アメリカのグラフ雑誌『ライフ』では、「重慶市民4000人が防空壕《ごう》で窒息死」という見出しと大きな写真で構成された記事が出されている。アメリカに、日本への爆撃は当然だとみる空気を生むには十分なニュースだ。

〈新指揮官になった
カーチス・ルメイ〉

日本の多くの都市を焼き払った作戦の非情さから、日本側では「鬼畜ルメイ」「皆殺しのルメイ」と呼ばれた

〈日本軍の重慶爆撃を伝える
アメリカの雑誌記事〉

『ライフ』では現地・重慶で撮影したとされる写真が大きく掲載され、日本の空襲の残虐さが伝えられた

第3章

東京大空襲から硫黄島の制圧

1 新型焼夷弾による東京大空襲。一夜にして12万人が犠牲に

2 5回も行われた東京への大規模空襲。硫黄島制圧で本土空襲がさらに激化

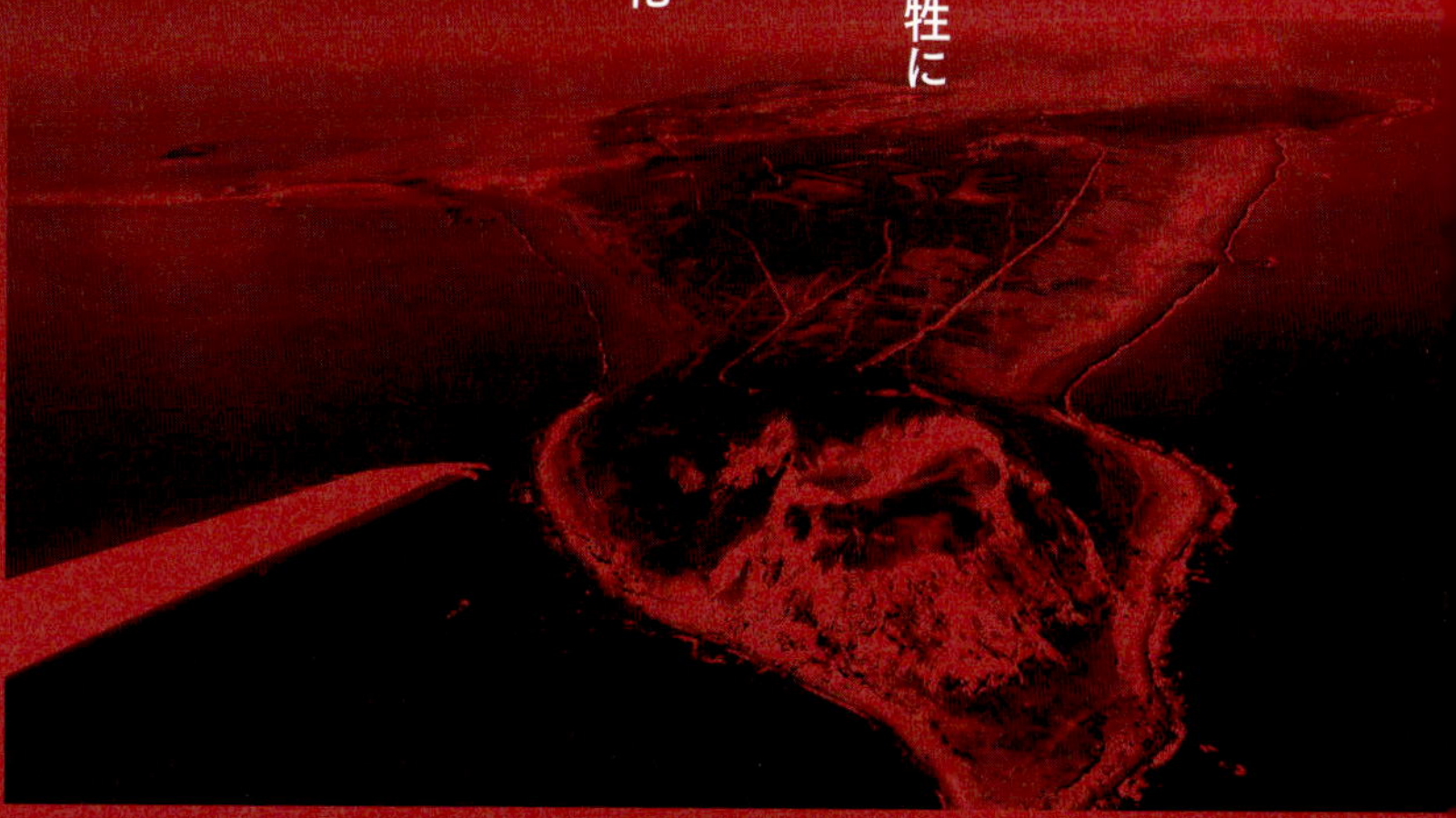

1

新型焼夷弾による東京大空襲。一夜にして12万人が犠牲に

低高度による夜間爆撃へ作戦変更。最初の攻撃目標は東京市街地

重慶爆撃や真珠湾攻撃での度重なる日本の非道な攻撃に憎悪を強めていったアメリカ。B－29を率いる第21爆撃機集団の新司令官となったカーチス・ルメイ将軍は、その憎悪に呼応するかのように、新型焼夷弾《しょうい》「M69」を使い地域丸ごとを焼く〝無差別爆撃〟へと急速に方針を転換していった。

ルメイの指揮による東京への最初の爆撃が行われた1945年1月27日。中島飛行機武蔵製作所を目指し74機のB－29が飛び立ったが、高高度上空から投下した焼夷弾や爆弾はジェット気流にあおられ、東京や千葉などに落下。工場はほとんど被害がなかったが、東京14区と市川《いちかわ》市で少なくとも961人の犠牲者が出た。

2月4日には、造船所や航空機工場があった神戸に69機のB－29が焼夷弾3万5000発以上を投

下、民家1800戸以上を焼き払った。しかし、肝心の工場の破壊はまたしてもできなかった。

強力な新型焼夷弾「M69」を使っても高高度からの爆撃では焼夷弾が飛散してしまい、軍需工場がある一定地域を完全に破壊するという意味では大きな効果がないことが分かったため、ルメイは3月初旬、爆撃方法の根本的な見直しを図ることにした。これまで1万メートルほどだった飛行高度を1500メートルから3000メートルほどに下げ、B－29が直列に並んで飛行して爆弾を投下する低高度爆撃を選択。そして、日本軍の高射砲による撃墜を避けるため、夜間爆撃へと変更を図ったのだ。これまで形式的にアメリカ軍が維持してきた「昼間精密爆撃」は破棄された。

低高度による夜間爆撃の最初の攻撃目標となったのは、東京市街地。3月9日の夕方、グアム、サイパン、テニアンから焼夷弾を満載したB－29、325機が日本へと出発、3月10日深夜、爆撃を開始した。使用されたのは新型焼夷弾M69が38発束ねられたもので、投下されるとあらかじめ設定されていた高度でバラバラになり、屋根を貫通したのち天井裏にとどまり着火する新兵器だった。M69の開発にあたって、アメリカ軍は実物大の日本家屋での燃焼実験を繰り返すなど、日本を無力化するための試行錯誤を続けていた。さらに、1923年に起きた関東大震災を参考に、どうすれば東京を大火に巻き込むことができるかも研究されていた。

3月10日の東京大空襲で市街地にばらまかれた新型焼夷弾M69は32万7000発。爆撃の中心点は、台東区《たいとう》や墨田区《すみだ》、江東区《こうとう》の3か所が設定されていた。降り注いだ焼夷弾が東京の下町を、わずか2時間半あまりの間に火の海へと変えた。

生活を根こそぎ奪われ、アメリカへの憎悪が深まる

浅草で空襲被害にあった柴田《しばた》恵善《しげよし》さん（当時12歳）は、当時の状況をこう振り返る。

「寝て間もなく、警戒警報で叩《たた》き起こされてね。まっ暗な中、ズボンを穿《は》いて、上着を着て、カバンを背負った。でも、慣れないからオロオロしていた。そしたら、母親に『ボタンなんかあとでもいいんだから、すぐに防空壕《ごう》へ逃げなくちゃ死んじゃうんだよ』と脅かされて。そのときは、空襲の恐ろしさなんて全然分かってないから、何となく手ぬるかった」

空襲について学校や大人から教えられてはいたが、実際に経験したことがなかった柴田さん。防空壕へ逃げ込んだものの、近くで鳴り響く爆弾の炸裂《さくれつ》音に驚いたという。そのうちすぐに周囲から「もうだめだ、逃げろ」と言われ、母親に手を引かれ防空壕を出ると、あたりには火の海が広がっていた。頭上には、夜にもかかわらず黒い影を落とすほど低空を飛ぶB－29が確認できたという。燃え広がる火によって巻き上がる熱風をさけながら、安全な場所へ逃げ惑うしかなかったという。

3月10日の東京大空襲を浅草で体験し、九死に一生を得た柴田恵善さん

「あっという間に紅蓮《ぐれん》の炎が広がっていった。消防車がホースで水を

かけても、消えたもんじゃなかったね。道路をよく見ると、真っ黒に焼け焦げた死体がいくつも転がっている。焼夷弾の火は言ってみれば、空からガソリンまいて火をつけられたようなもの。炎の上がり方もすごかった」

父親の判断で、火の手が及ばない空き地へと避難したおかげで一命を取り留めた柴田さん。街では必死の消防活動が行われたが、焼夷弾がまき散らしたナパームの火は消えることがなかったという。火事が落ち着いたのは、あたりが明るくなり始めた朝5時ごろ。見慣れていた景色はすっかり姿を変え、灰色の街が眼下に広がっていた。

「一面が焼け野原で、ところどころ焼死体が転がっている。この世の地獄って本当だなという印象。お腹もすいていたはずだし、喉《のど》もカラカラだったはずだけど、そういう飢餓感にも気づかないほどだった。なんともうまく表現できないおそろしさ、虚《むな》しさだった」

東京を一夜にして地獄へと変えた無差別爆撃。事前にアメリカ軍が報告書に示したとおり、新型焼夷弾「M69」はその威力を最大限に発揮した。死傷者の数は広島、長崎の原子爆弾を除くと、1回の空襲では最大の12万人にのぼった。さらにアメリカは、この空襲からわずか7時間後には損害評価のために写真偵察機を出撃させた。次なる一手に向けた軌道修正を図ることで、爆撃精度を高めていった。

一方、空襲で暮らしを根こそぎ奪われた日本の市民の間では復讐《ふくしゅう》を誓う声があがり、日米両国の憎しみはさらに深まることとなった。

〈大空襲後の東京〉

焼け野原になった東京大空襲後の浅草区（1945年3月10日、撮影：石川光陽）

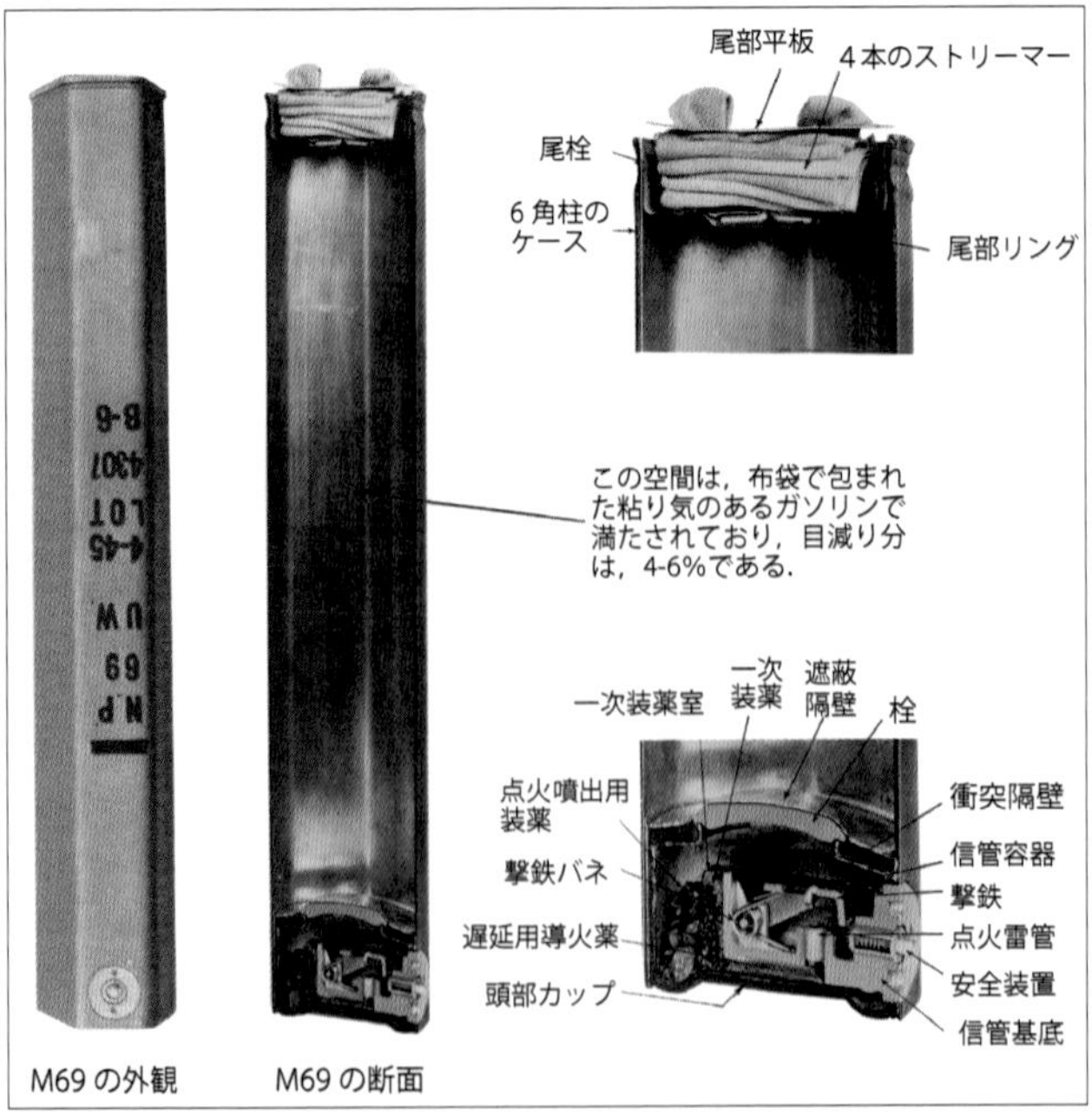

〈M69焼夷弾〉

日本の木造建築向けに開発された焼夷弾。増粘剤を加えたガソリンが詰められていた

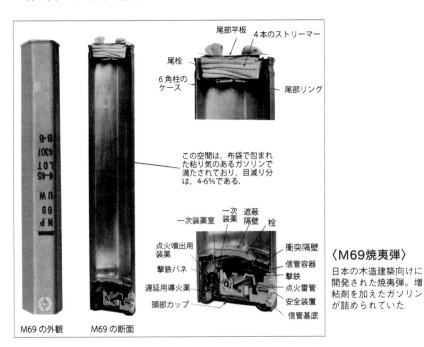

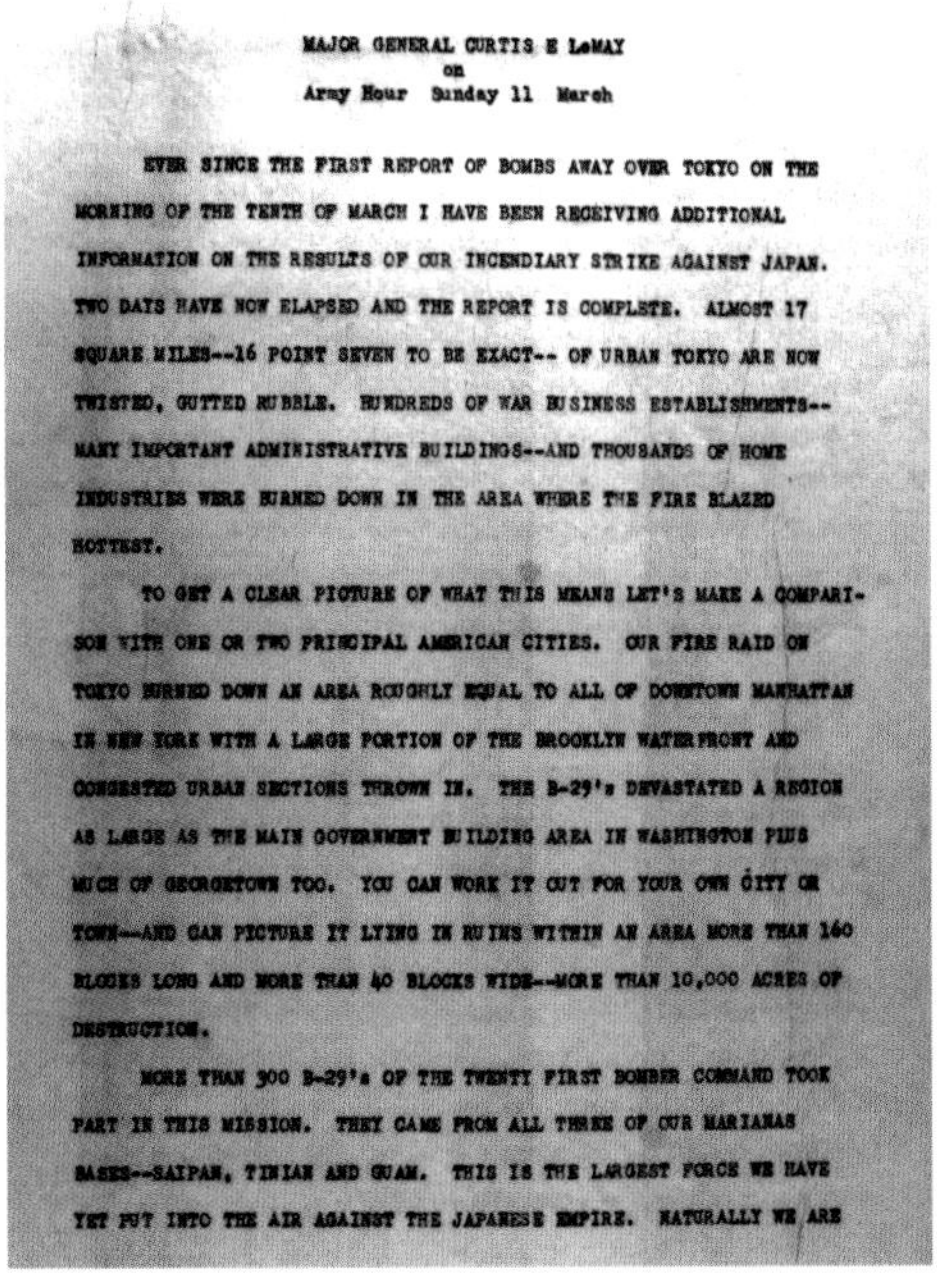

MAJOR GENERAL CURTIS E LeMAY
on
Army Hour Sunday 11 March

EVER SINCE THE FIRST REPORT OF BOMBS AWAY OVER TOKYO ON THE MORNING OF THE TENTH OF MARCH I HAVE BEEN RECEIVING ADDITIONAL INFORMATION ON THE RESULTS OF OUR INCENDIARY STRIKE AGAINST JAPAN. TWO DAYS HAVE NOW ELAPSED AND THE REPORT IS COMPLETE. ALMOST 17 SQUARE MILES--16 POINT SEVEN TO BE EXACT-- OF URBAN TOKYO ARE NOW TWISTED, GUTTED RUBBLE. HUNDREDS OF WAR BUSINESS ESTABLISHMENTS--MANY IMPORTANT ADMINISTRATIVE BUILDINGS--AND THOUSANDS OF HOME INDUSTRIES WERE BURNED DOWN IN THE AREA WHERE THE FIRE BLAZED HOTTEST.

TO GET A CLEAR PICTURE OF WHAT THIS MEANS LET'S MAKE A COMPARISON WITH ONE OR TWO PRINCIPAL AMERICAN CITIES. OUR FIRE RAID ON TOKYO BURNED DOWN AN AREA ROUGHLY EQUAL TO ALL OF DOWNTOWN MANHATTAN IN NEW YORK WITH A LARGE PORTION OF THE BROOKLYN WATERFRONT AND CONGESTED URBAN SECTIONS THROWN IN. THE B-29's DEVASTATED A REGION AS LARGE AS THE MAIN GOVERNMENT BUILDING AREA IN WASHINGTON PLUS MUCH OF GEORGETOWN TOO. YOU CAN WORK IT OUT FOR YOUR OWN CITY OR TOWN--AND CAN PICTURE IT LYING IN RUINS WITHIN AN AREA MORE THAN 160 BLOCKS LONG AND MORE THAN 40 BLOCKS WIDE--MORE THAN 10,000 ACRES OF DESTRUCTION.

MORE THAN 300 B-29's OF THE TWENTY FIRST BOMBER COMMAND TOOK PART IN THIS MISSION. THEY CAME FROM ALL THREE OF OUR MARIANAS BASES--SAIPAN, TINIAN AND GUAM. THIS IS THE LARGEST FORCE WE HAVE YET PUT INTO THE AIR AGAINST THE JAPANESE EMPIRE. NATURALLY WE ARE

〈3月10日の作戦任務報告書〉

東京大空襲の結果が記されたB-29の作戦任務報告書。冒頭には作戦を指揮したルメイ将軍の日本本土空襲に対する思いがつづられている。「私は約束する。もしジャップがこの戦争を続ける気なら、奴らにはすべての都市が完全に破壊される未来しかない」

〈米軍憎しの貼り紙〉

東京大空襲後、市街地の電柱などに貼られた「この仇必ず討つ」などと書かれた紙

2

5回も行われた東京への大規模空襲。硫黄島制圧で本土空襲がさらに激化

軍事施設の消火に重点を置いたため、民間人の被害が拡大

東京大空襲を指揮したルメイ将軍は空襲の翌日、こう宣言した。

「もしジャップが戦争を続ける気なら、奴らにはすべての都市が完全に破壊される未来しかない」

その言葉に呼応するように、1945年3月12日には名古屋《なごや》、13～14日大阪、17日神戸、そして19日には再び名古屋と、東京と同じく夜間に焼夷弾《しょうい》で爆撃が行われた。作戦後にはすぐに写真偵察機を送り込み、損害を評価、次の攻撃に生かしたとみられている。「Fire Blitz（焼夷電撃戦）」と形容された一連の爆撃で投下された焼夷弾は192万発にも及んだ。

また、この作戦はルメイの独断ではなく、ワシントン指導部の指示で行われた。精密爆撃から無差別爆撃へ、アメリカが舵《かじ》を切ったことを意味している。

3月10日の空襲で壊滅的な被害を受けた東京へは焼夷弾による執拗《しつよう》な爆撃が繰り返され、それ以後終戦までに東京に行われた空襲は、大規模なものだけでも4回。そのすべてが夜間の低高度爆撃だった。

1回目の攻撃は4月13日から14日にかけての東京西北部への爆撃。38万発の焼夷弾が投下された。多くの住民が疎開していたにもかかわらず、残っていた市民4000人以上が犠牲となった。

さらに3回目となる5月24日には、東京への最大規模の爆撃が行われた。対象となったのは山手線《やまのて》の西側エリア。品川《しながわ》、目黒《めぐろ》、渋谷《しぶや》などを含む広い市街地が狙われた。出撃したB－29は564機で、3月10日の2倍近くの63万発もの焼夷弾を投下した。立て続けに、翌日の5月25日から26日にかけては最後となる4回目の大規模空襲が行われ、皇居周辺がターゲットとなった。24日から26日にかけての空襲では6000人近くが犠牲となった。

今の東京消防庁に当たる「警視庁消防部」の記録から、「一般民家ノ炎上ヲ涙ヲ呑《の》ンデ放任」したことも分かっている。住宅よりも軍事施設の消火に重点を置いたことで、民間人の被害を拡大させてしまったといえるのだ。

容赦のないアメリカ軍の攻撃によって、甚大な被害を受けた日本。一方で、アメリカ軍のB－29にも日本の迎撃部隊による応戦で被害が出ていた。1944年11月の空襲開始から4か月でアメリカ軍が失ったB－29は105機。搭乗員の死者・行方不明者は864人にのぼり、日本軍の捕虜になるケースも少なくなかった。

高高度爆撃から夜間低高度爆撃に舵を切ったB－29の被害を最小限に抑えるには、日本の迎撃部隊に対抗できる戦闘機で護衛をしなくてはならない。しかし、アメリカ軍には、サイパンから日本まで飛べる戦闘機は存在しなかったため、より近い飛行場の獲得が急務とされていた。目をつけたのが、東京の南方約1200キロメートルに位置する「硫黄島《いおうとう》」だった。

アメリカ軍が送り込んだ兵士は約6万1000人。日本軍の約3倍の兵力を投入し、硫黄島の制圧を目指した。

憎しみを募らせあった硫黄島争奪戦

硫黄島をめぐる争奪戦は、熾烈《しれつ》なものとなった。1945年2月19日、アメリカ軍の上陸部隊が、硫黄島に一気に押し寄せる様子、そして海岸に築かれた日本の陣地をアメリカ軍が上空から銃撃する様子が、戦闘機のガンカメラにも記録されていた。

硫黄島をめぐる激戦から終戦までを通して、硫黄島で任務にあたった元戦闘機パイロット、ジェリー・イェリンさん（2017年12月に逝去）は、硫黄島を基地とするP－51戦闘機の部隊、第7戦闘機集団に所属していた。イェリンさんらの部隊が硫黄島へ着いたのは3月7日。戦闘機とともにサイパンに待機していたが、硫黄島に戦闘機を安全に配備するのに十分な土地が確保されたところで上陸することになったのだ。

アメリカ軍はまだ硫黄島を制圧するための戦いの途中で、イェリンさんたちの最初の任務は硫黄島に残る日本軍への空襲だった。

確保したばかりの小さな仮設滑走路から毎日飛び立ち、日本軍が隠れている洞窟《どうくつ》や陣地に爆弾を投下し、また日本兵が攻撃してくる場所を機銃掃射した。この頃の戦闘の激しさは、言葉にできないほど壮絶なものだったとイェリンさんは語った。

「私たちが上陸した当初、アメリカ軍は島の3分の1ほどを占領していました。毎晩、土で固めた仮設の滑走路が、日本軍によって爆弾や銃弾で攻撃されてしまい、路面を整備する重機で滑走路を修復してなんとか私たちは飛び立つことができたんです。

戦いは壮絶で、本当にたくさんの日本兵の遺体が共同墓地に集められて捨てられるのを見ました。そして死体の匂いをかぎました。言葉では言いあらわすことのできない匂いです。それまで死体なんか見たことがなく、圧倒されるような瞬間でした。アメリカ海兵隊の死体仮置き場も、私たちが戦闘機をとめる場所のすぐ隣にありました。トラックの荷台と地上に何百もの海兵隊員の遺体があって、埋葬される前に身元の確認を待っていたのです。このときの匂いは、その後も自分の記憶からなくなることはありません」

互いに膨大な数の戦死者を出し、憎しみを募らせあったこの激戦を経て、アメリカ軍は硫黄島を制圧。戦闘機P－51の基地を獲得したことでB－29の護衛が可能になり、日本本土への空襲をさらに激化させる準備を整えたのだった。

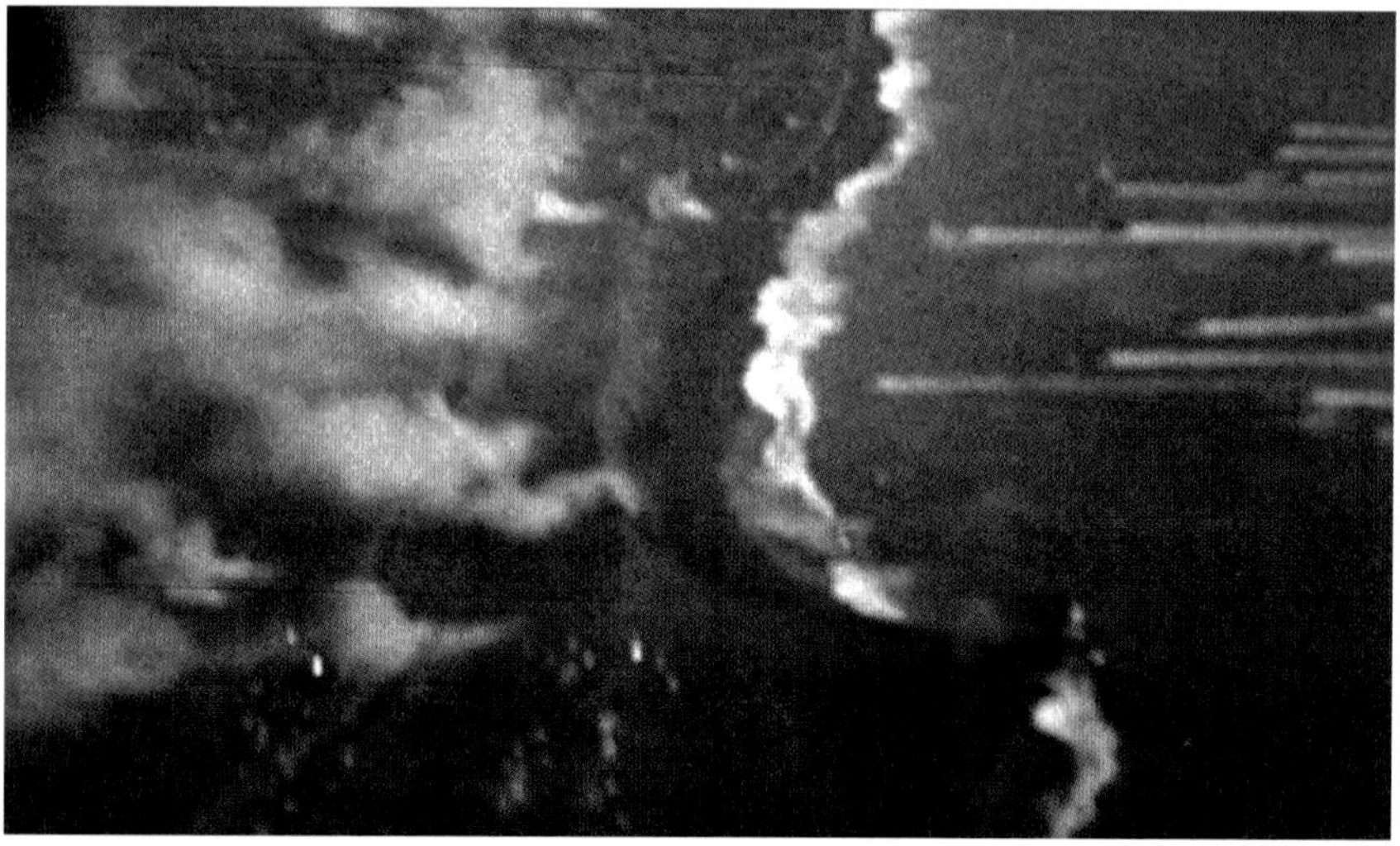

**〈硫黄島上空を飛ぶ
戦闘機からのガンカメラ画像〉**

写真右側から、海岸線に接近するアメリカ軍の上陸部隊。海岸に築かれた日本軍の陣地に、アメリカ軍機が機銃掃射するところも映像に記録されていた

現在の硫黄島。今も残されたままの陣地跡や兵器の残骸が当時の戦闘の激しさを物語る

**〈当時の制服姿の
ジェリー・イェリンさん〉**

「死体置き場にあった海兵隊員の遺体の匂いは、自分の記憶からなくなることはありません」と語るイェリンさん

第4章

本土空襲の実績を求めた米航空軍

1 アメリカ陸軍航空軍が太平洋戦争に抱いていた〝野望〟

2 開戦で陸軍航空軍に訪れた〝チャンス〟

3 窮地に追い込まれた航空軍、理想を捨てた戦略転換

4 なぜ焼夷弾空襲は拡大していったのか

1

アメリカ陸軍航空軍が太平洋戦争に抱いていた〝野望〟

世界最強のエアパワーの原点とは？

無数の戦闘機が頭上を飛び交っている。白煙を吐き出し、爆音を轟《とどろ》かせ曲技飛行を披露する。アメリカ空軍士官学校の卒業式は〝エアパワー〟を誇示するかのようにド派手だった。空軍長官は、卒業生にこう語りかけていた。「今アメリカは、中東・ISに対して、100か所を攻撃しているが、実にその8割は、私たち空軍が行っている。これからあなた方は、アメリカ国家の戦争を担うのだ」。

現在、約32万人で構成される巨大組織。毎年、全米から集められた成績優秀者だけが空軍士官学校への入学を許され、未来の幹部候補生になっていく。「空軍は№1だ」。彼らは口々にそう叫んでいた。

今〝世界最強〟と謳《うた》われるアメリカ空軍。だが、その設立が「戦後」だということはあまり知られていない。太平洋戦争中、独立した空軍は存在せず、「陸軍航空軍」と呼ばれる〝陸軍の下部組織〟

だった。実はこの些細《ささい》に思える事実が、のちに日本への徹底した空爆を招く重要なファクターとなる。結論から言うと、1947年、陸軍航空軍は、日本への空爆の戦果を足がかりに独立を果たす。そこに至るまでに、アメリカ航空軍幹部たちは何を考え、どう行動したのか。この章ではそれを紐解《ひもと》いていくことで、本土空襲の知られざる真相についてアメリカ側から見ていきたい。

弱小組織だった航空軍、独立への渇望

戦前、アメリカ陸軍航空軍は、弱小組織だった。1939年のアメリカ軍内部の兵力を比較すると、その貧弱ぶりが分かる。陸軍の地上軍17万、海軍14万に対し、航空軍はわずか2万。予算も毎年のように削減され続けていた。軍用機の多くが旧式のまま。平時は仕事が少ないだろうと、郵便配達までさせられる始末だった。第二次世界大戦が勃発《ぼっぱつ》し、戦争の足音が聞こえてきても、大した活躍は期待されていなかった。当時、航空部隊の主な任務は、敵の偵察や兵器の輸送など陸軍の地上部隊の支援だと、陸軍幹部たちに考えられていたからだった。

当時の航空軍幹部たちは、こうした状況に鬱屈《うっくつ》した思いを抱えていた。「我々空軍は、ハナタレの新興部門だと軽視されていただけでなく、至るところで貶《おとし》められていた」（陸軍航空軍　エメット・オドンネル将軍）。だが、空軍将校たちは、航空軍が戦争の主役になると信じていた。

のちに、東京大空襲を指揮するカーチス・ルメイ将軍はこう述べている。「かつて空軍の力は一度

も適切に使われたことがなかった。空軍力を全く知らない陸軍が、飛行機を道具として使おうとしていた。だが、我々は空軍力が国家のために貢献する力を持っていると気付いていた。我々は陸海軍に認めさせるために、戦争で成果を残さなければならなかった」。

航空軍が憂き目に遭っていた背景には、陸海軍との主導権争いがあった。今も昔も変わらない組織論。空軍が独立すると予算の配分が少なくなる。さらに軍用機による戦略的支援が得にくくなる。20世紀に入ってから誕生した新興部門は、常に押さえ込まれていた。そもそもアメリカでは、地理的要因から空軍の存在意義が認められにくかった。まだ航空機が長距離を飛べない時代。海に囲まれているアメリカに〝誰が飛行機で攻めてくると言うのか〟、敵の侵略に備えるのは海軍で十分であり、侵攻は陸軍が担えばいいという伝統的な考え方が根強かった。一方で、隣国と地続きのヨーロッパでは、飛行機はすぐに戦争の兵器となった。他国が配備する航空兵器への危機感は、ヨーロッパで航空軍を発展させていく。飛行機を最初に開発したはずのアメリカだけが、その流れから取り残されていた。

アメリカ航空軍の幹部たちは危機的状況に気づき、焦っていた。だが、陸海軍にとっては対岸の火事だった。こうした状況下で、航空軍はある野望を抱いていた。〝空軍の独立〟。航空軍にとって、開戦は特別な意味を持っていた。「素晴らしいチャンスがきた。我々は、これまでの軍人生活の間ずっと『誰か我々の声を聞いてくれ』と求めてきた。夢見続けてきた〝独立した空軍〟の基礎を築くのだ」（陸軍航空軍総司令官　ヘンリー・アーノルド将軍）。自分たちの存在価値を示す大舞台がやってきた。航空軍にとって太平洋戦争は、組織の独立戦争でもあったのだ。

〈米陸軍・海軍の兵力組織図〉

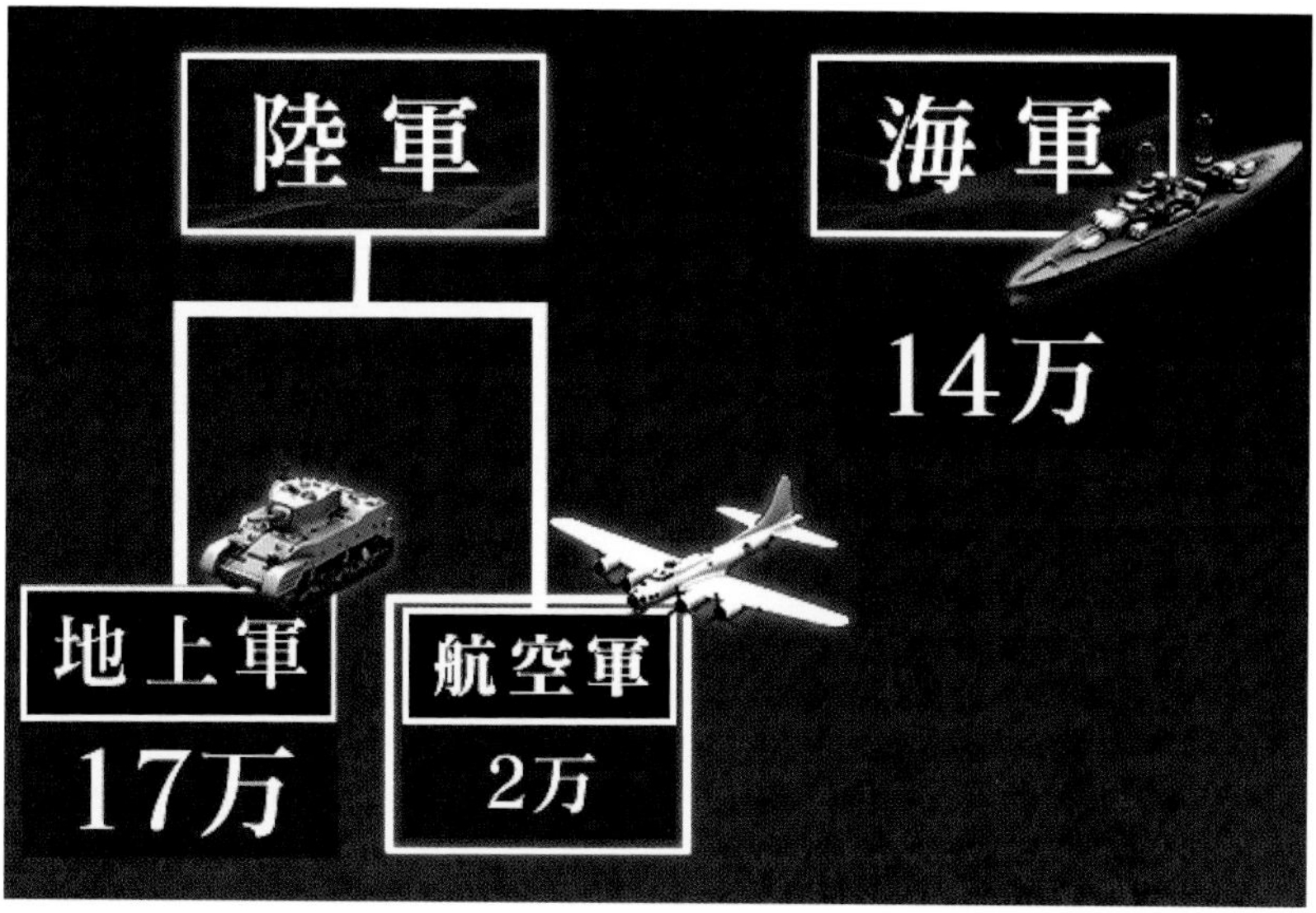

陸軍地上軍17万人、海軍14万人に対して、陸軍航空軍は2万人の規模しかなかった

〈1939年の世界各国の軍用機数〉

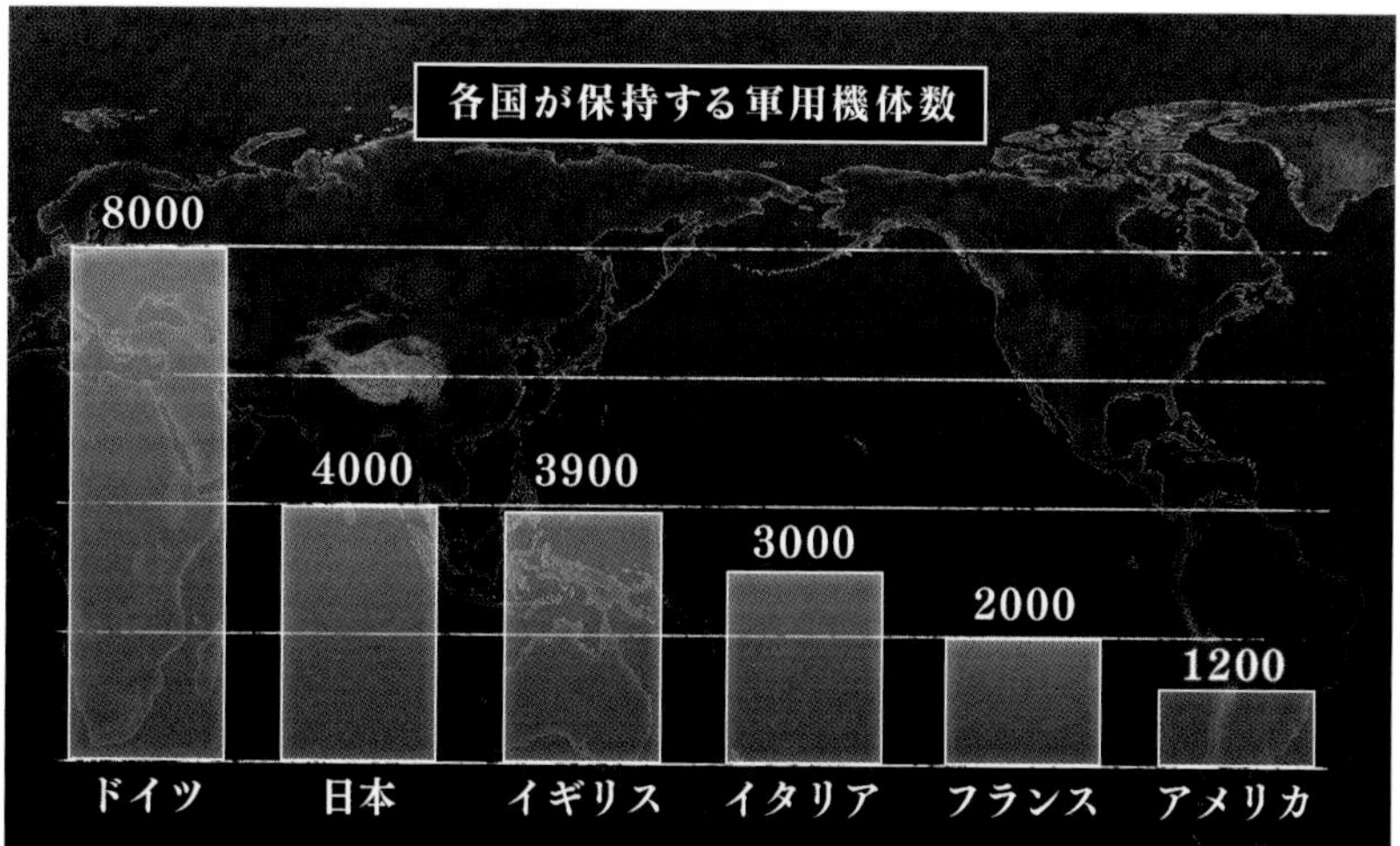

ドイツ8000機、日本4000機に対して、アメリカ航空軍の軍用機はわずか1200機だった

2

開戦で陸軍航空軍に訪れた〝チャンス〟

ルーズベルトの焦り、莫大な予算の獲得

ルーズベルト大統領は、ただただ驚いた。そして、ぞっとしたという。アメリカの空軍力があまりに貧弱だと知ったからだ。１９３９年の世界各国の空軍力を軍用機の数で比較すると、1位ドイツ、2位日本に大きく水をあけられ、アメリカは6位に止《とど》まっていた。当時、世界最強だったドイツ。ヒトラーは早くから航空機の持つ潜在力に注目し、空軍を独立させ、次々と戦闘機を開発していた。１９３８年9月のミュンヘン会談で、イギリスやフランスがドイツに譲歩したのは、その空軍力に屈したからだとルーズベルトは気付いていた。

「１９３９年、アメリカ航空軍全体で最新の爆撃機をどれくらい所有していたと思います？　14機です。たったの14機。とても世界と戦争できる体制ではなかった」（国立戦争大学　マーク・クロッドフ

エルター教授)。

アメリカ航空軍は、ルーズベルトに窮状を訴えた。そして、戦前の100倍近い予算を手にする。ここから航空軍の急激な肥大化が始まった。わずか4年の戦争期間で、航空軍の人員はおよそ2万人から200万人に爆発的に拡大した。さらに、航空機開発も猛烈な勢いで進め、1944年のピーク時には年間10万機を生産。戦前のおよそ20倍にのぼった。

明らかに出遅れていたアメリカ航空軍だが、世界が〝空の戦争〟へ舵《かじ》を切る中で、その追い風に乗り、太平洋戦争を経て、陸海軍と並ぶ巨大組織へと変貌《へんぼう》していった。

初の本土空襲「ドーリットル空襲」の舞台裏

1941年12月8日、日本の戦闘機300機以上がアメリカ・ハワイの真珠湾を爆撃し、太平洋戦争が始まったが、空からの奇襲攻撃に対してルーズベルトは報復に燃えていた。「日本本土を空爆する手立てを至急考えよ」。陸軍航空軍に強く要求する。

しかし開戦当初、航空軍は日本本土を直接爆撃できる長距離爆撃機を持っていなかった。独自で作戦立案ができない中、海軍から奇策が持ち込まれる。陸上発進用の爆撃機を空母に載せ、日本本土に届く距離まで運び、空爆を実行するという航空軍にとってはリスクの大きな作戦だった。空母からの離陸はもとより、帰還する燃料はないため中国大陸への不時着を目指した片道切符の出撃だった。

だが、リスクを覚悟の上でこの無謀な作戦を決行する。航空軍にできることを示し、世論へアピールするチャンスと捉《とら》えたのだ。作戦の指揮を命じられたドーリットルは「日本を爆撃するチャンスではあるが、それは海に突っ込むかもしれなかった」と回想している。

1942年4月18日、16機の爆撃機が日本本土を初めて空襲。「ドーリットル空襲」である。目標としていた東京の兵器工場とは無関係の場所を爆撃し、日本全土で80人以上が亡くなった。出撃部隊は、全ての爆撃機が中国大陸や海に不時着。日本の捕虜になる者や死者も出た。

日本本土を空爆したというニュースに、アメリカ国民は喜び、パイロットたちを英雄視した。アメリカ航空軍は、国民感情に大きなインパクトを残すという目的を果たしたのだった。

ディズニー映画と戦意高揚

太平洋戦争の最中、ウォルト・ディズニーが日本への空爆を後押しする映画を作っていたことを知っているだろうか。1943年7月に公開された映画「Victory Through Air Power」。長距離爆撃機が有用だと説き、敵国本土への戦略爆撃の必要性を訴える内容だ。

「飛行機の広大な飛行範囲と破壊力は、地球上すべてを戦場に変える。兵士と一般市民を隔てるものはなくなる。日本を爆撃せよ」

飛行機工場などの重要な産業施設、そしてダムや発電施設などのインフラ設備を破壊することで戦争は早く終わると主張し、爆撃で得られる効果をアニメを使って丁寧に描いていた。

しかし、それだけではない。東京上空でターゲットを定め、大量の爆弾を投下。街が破壊される映像が次々と映し出され、やがて画面全体が火に包まれる――。映画の公開から2年後に実行される東京大空襲を想起させ、無差別爆撃を描いているように思えた。

当時、ディズニーは、ある空軍将校の戦略に心酔していた。映画の冒頭は、その空軍将校への献辞で始まる。詳細は後述するが、航空軍の戦略の原点を築いた人物だった。戦争期間中、アメリカ航空軍は、人員のリクルートと予算獲得のため、盛んに広報活動を行っていた。プロパガンダニュースも数多く制作。アメリカ国内で、日本本土空爆への期待が日に日に高まる土壌を作っていた。

航空軍の命運が託された切り札「B‐29」

高まる期待とは裏腹に、航空軍には日本本土を空爆する手段がなかった。既存の軍用機では、日本本土まで到達できない。太平洋を越えて爆撃するために、航空軍はある切り札を思い描いていた。それは、かつてないスペックの長距離爆撃機だった。航続距離は、それまでの長距離爆撃機の約2倍、6000キロメートル。さらに、当時の軍用機が飛ぶ高度5000〜7000メートルの上、高高度1万メートルを飛行し、敵機の反撃を受けずに爆撃することを目指した。

だが当時、それは「夢の飛行機」だと思われた。高度1万メートルは、どの国も開発を諦《あきら》めた高さだった。二つの壁があった。世界初の与圧システムの開発と高高度に対応するエンジンの開発。どちらも極めて精密な技術力が必要だった。製造が始まる前に1万回もの設計図の書き直しを行うなど、非常に大きな賭《か》けだったと航空軍幹部は振り返っている。

それでも航空軍は、開発に当時の軍予算で最大となる30億ドル、原爆開発の1・5倍という莫大《ばくだい》な予算を投入した。その軍用機こそ、「B－29」だった。「B－29は陸軍と海軍の戦争を補佐するだけの立場から、我々を彼らと同じ立場へと押し上げてくれる唯一の道なのだ」(アーノルド総司令官)。完成には4年の歳月がかかった。1944年、実戦配備が始まった頃、マリアナ諸島が制圧されていた。ついに日本本土のほとんどを射程圏内に収めることができるようになった。

だが、問題が降りかかる。陸軍と海軍がB－29の指揮権をほしがったのだ。当時、前線での戦闘を指揮していたのは陸海軍。航空軍に独自の指揮権はなかった。どちらも、自分たちの目先の戦闘域に使用することを考え、日本本土の爆撃は想定していないと考えられた。「B－29は日本本土への直接攻撃に用いるつもりであり、そのためには航空軍が直接指揮するしかない」(アーノルド総司令官)。

指揮権の確保のため、航空軍は大見得を切る。「結果を出すので任せてくださいと言って、ルーズベルト大統領を納得させたのです」(クロッドフェルター教授)、「誰もがB－29をほしがった。どう扱っていいのか全く分かっていないのに。B－29の指揮権を手に入れたのは最大の成果だった」(ルメイ将軍)。当時、前線での指揮権を持たない航空軍が手柄を立てるには、B－29を使った日本への直接攻撃しか方法がなかった。だが、同時に、失敗は許されなくなった。

〈戦略爆撃を訴える
ディズニー映画〉

飛行機による敵国本土への爆撃で得られる効果は絶大だと、ディズニー映画の中でも描かれていた

〈航空軍の切り札B-29〉

前線での指揮権を持たない航空軍にとって、B-29による日本への直接攻撃で手柄を立てるしか道はなかった

3

窮地に追い込まれた航空軍、理想を捨てた戦略転換

机上の空論だった戦略「精密爆撃」

「我々は日本人を根絶やしにするまで爆撃し続けることができた。彼らはどれだけ耐えられるだろうか？　我々は、航空戦力のみで、日本に勝利することができると考えていた」（オドンネル将軍）。

1944年11月24日。マリアナ諸島を拠点としたB−29の爆撃が始まった。現場の指揮官はヘイウッド・ハンセル将軍。「精密爆撃」と呼ばれる戦略を練り上げた人物で、航空軍のトップからの信頼も厚いエリート将校だった。

「精密爆撃」とは、敵の中枢＝飛行機工場や弾薬工場、発電施設などインフラ施設をピンポイント爆撃し、戦争遂行能力を奪うことで、早く、効率的に戦争を終えられる人道的な戦略だったが、現実は思い描いたようにはいかなかった。

精密爆撃の最重要目標は、中島飛行機の工場だった。だが、ほとんどの爆弾が目標から外れた。2度目の出撃では、雲に覆われて目標を発見することすらできなかった。3回目の出撃でも命中率は2%あまり。工場を破壊するにはほど遠い結果だった。

失敗の原因は、ジェット気流や日本の気象条件に加え、目視に代わるレーダーの性能不足、乗組員の経験不足など多岐にわたる。皮肉にも高高度1万メートルが仇《あだ》となっていた。だが、結果のみを求められたハンセルは、翌45年1月、作戦開始からわずか2か月足らずで更迭される。

なぜ、2か月足らずしかチャンスが与えられなかったのか。一つは、それほどまでに航空軍が追い込まれていたからだ。実は、航空軍の掲げる精密爆撃は、その前年に始まっていたヨーロッパ戦線での空爆ですでに失敗していた。43年1月～9月に行われた作戦では、目標から300メートル以内に着弾した爆弾はわずか2割。逆に、昼間に爆撃を行うため、ドイツ空軍の激しい反撃を受け、甚大な被害を出していた。

敵の反撃を受けながら、目標物を正確に狙うことは極めて困難だった。それでも、高度1万メートルを飛び、敵機の反撃を受けないB－29なら精密爆撃を実現できると航空軍は信じていたのだ。B－29の指揮権を航空軍に委《ゆだ》ねた陸軍や海軍からの批判は日に日に強まり、指揮権を剝奪《はくだつ》される恐れがあった。それは、航空軍独立に必要な戦果をあげる手段を失うことを意味していた。

日本への空爆は、航空軍にとって最後のチャンスだったのだ。

航空軍の戦略の原点にあった「無差別爆撃」の思想

精密爆撃は、机上の空論だったと誰もが気付き始めていた。航空軍総司令官からは、新たな戦略を試すよう指示が出ていた。それでも、現場指揮官のハンセルは自ら練り上げた戦略を捨てられなかった。試行錯誤を続ければ、精度は上がる。だが、結果が出るのを悠長に待つ時間は、航空軍に残されていなかった。

新たな指揮官はカーチス・ルメイ。当時38歳で、史上最年少でアメリカ軍の将軍に昇進していた。何よりも実戦で成果をあげ続けていた。そのルメイも、1945年1月20日の就任直後からしばらくは精密爆撃を行ったが、ハンセル同様に結果が出なかった。

2月になると、総司令官からある指令が下った。「都市への焼夷《しょうい》弾攻撃を試せ」。具体的な方法は白紙委任された。ルメイは、それが無差別爆撃への転換を意味することが分かっていただろう。「焼夷弾攻撃に関しては、誰も責任を取ろうとしなかった。この状況なら誰もしないだろう。とても孤独な仕事だった。自分一人で決めるしかなかった。B－29で結果を出して陸海軍に見せつけなければならない。私は過激なことをするつもりだった」（ルメイ将軍）。実は、焼夷弾攻撃の戦略は、1943年10月の時点で綿密に練られていた。20都市について、必要な焼夷弾の量や燃えやすい建物の密度を分析。〈20都市人口総計の71％、1200万人の住宅を消滅させる〉ことができると予測している。さらに東京を始めとする8都市は、狙うべき場所を記した地図まで作られていた。

こうした戦略の原点には、ある人物の思想があった。ウィリアム・ミッチェル。第一次世界大戦で活躍した空軍将校で、あのウォルト・ディズニーが心酔し、その戦略を映画にまでした人物だった。彼は「〝敵の中枢〟を空軍力で直接攻撃すれば、戦争は早く効率的に終わる」と提唱していた。のちに精密爆撃へとつながる理念だった。だがそれだけではなかった。「市民に恐怖を与えることで、自ら戦争をやめさせることができる」「ガスを使ってその土地で生きられなくし、焼夷弾で炎上させる」。

戦意の脆《もろ》い市民の意志を挫《くじ》くためには、多くの爆弾は必要ない。結果として、効率的に戦争を終わらせることができるとも説いていたのだ。太平洋戦争で航空軍を指揮していたトップの多くが、実は〝ミッチェルスクール〟と呼ばれる彼の教えを信奉するグループに属していた教え子たちだった。表向きに掲げた人道的な戦略の裏で、常に、無差別爆撃につながる思想が受け継がれていたのだ。

今回の取材を通して、ある恐ろしい計画が見つかった。1944年4月「日本への報復のガス空爆計画」。日本軍が毒ガスを使用した場合の報復攻撃が詳細に検討されていた。〈可能な限り最大の効果を達成するため、ターゲットは人口密集地域に絞る。ガス攻撃は犠牲者を最大にすること。交通機関や公共サービスを麻痺《まひ》させること。そして標的を焼夷弾による攻撃に対して、より脆弱《ぜいじゃく》にすること〉。想定されていた毒ガスはマスタードとホスゲンだった。攻撃対象に選ばれていたのは、東京、大阪、名古屋など7つの大都市圏。そのエリアの人口1450万すべてに毒ガス攻撃を行う計画だった。ミッチェルの戦略思想の影を感じずにはいられなかった。

〈精密爆撃の理念〉

敵の中枢をピンポイントで攻撃し、効率的に相手国の戦争遂行能力を奪うことを目的としたのが精密爆撃だった

〈ミッチェルの戦略ノート〉

1919～22年にかけて、ミッチェルは航空部隊の戦術発展のため、思想をノートに書き綴っていた

〈東京へのガス空爆計画〉

東京へのガス空爆を想定して作られた地図。色の濃い地域ほど高い効果があると見られていた。1944年4月作成「日本への報復のガス空爆計画」より

〈アーノルドとミッチェル〉

太平洋戦争中の航空軍総司令官ヘンリー・アーノルドは、ウィリアム・ミッチェルの愛弟子だった。自分の息子に“ウィリアム”と名付けるほど強く影響を受けていた

4

なぜ焼夷弾空襲は拡大していったのか

現場の指揮官が語る東京大空襲の〝真実〟

焼夷弾攻撃の指示が下ってから、１週間あまり。３月上旬、ルメイは日本上空からの偵察写真を眺めながら、あることに気がついた。ドイツには数多くあった低空用の対空砲火がなかったのだ。

「低空用の対空砲火がないことに気がついたとき、自分の中でこれだと確信した。Ｂ－29を限りなく低く飛ばせるようにした」（ルメイ将軍）。

低空を飛ぶことでジェット気流や雲の影響を避けられる。高高度を目指したＢ－29の使用方法としては逆転の発想だった。

「上官には話をせずに実行するつもりだった。話をして失敗したら、航空軍の失敗になってしまう。かかっていたのは私自身のクビだったので、実行することに決めた」「祖国の期待する任務を遂行していこうと思うならば、爆撃を受ける側を想像してはならない」（ルメイ将軍）。

ルメイの考えついた焼夷弾空爆作戦は、１９４５年3月10日に実行される。その甚大な被害を見た航空軍総司令官から「おめでとう」という連絡が届いた。ルメイは、東京大空襲を皮切りに、大都市への空爆を繰り返した。

なぜ、ルメイは焼夷弾空爆を続けたのか。ルメイの伝記の著者で歴史家のウォーレン・コザックさんは、やめられなかったのだという。「総司令官から届いた『おめでとう』という言葉は、祝福ではなく、他の都市を攻撃し続けろというGOサインでした」。

今回、ルメイの孫、チャールズ・ロッジさんが取材に応じてくれた。ルメイの肉親が一般メディアの取材を受けるのは、これが初めてだった。祖父・ルメイの代からの家族の方針として拒否するように言われてきたという。

アメリカ国内でも、非人道的な空爆の責任はルメイ個人にあるという見方がしばしばされてきた。だが、チャールズさんは、幼い頃の祖父・ルメイとの思い出の写真の数々を見せながら、こう話してくれた。

「祖父は誰かがやらなければならないなら、自分が実行しようと思ったんでしょう。私が思うのは、戦争は非常に厳しく、どちらの側にいてもやらなければならない仕事があるということです」

チャールズさんが大切にしている写真は、見たことのない柔和な表情をするルメイの姿を写していた。それは、孫を愛《いと》おしむ〝普通のおじいちゃん〟だった。

〝空軍力〟で戦争を終わらせる

当初、ルメイの焼夷弾空爆は大都市を標的にしていた。だが1945年6月17日、鹿児島の上空にB－29が現れた。この日を境に、焼夷弾空爆は大都市だけでなく地方都市にまで拡大していく。

いったい何があったのか。取材を進めると、その5日前の6月12日、ルメイのもとに航空軍総司令官が訪ねてきていたことが分かった。ちょうどその頃、日本本土への上陸作戦が11月1日に決行されることが固まっていた。陸海軍の上陸作戦で降伏がもたらされては、空軍力の勝利とはいえなくなる。「陸軍が上陸する前に空軍だけで戦争を終わらせると決意したのは、総司令官と話したときだった。9月中旬までに標的とすべき都市はなくなるから、10月1日までには戦争を確実に終結できると伝えた」。ルメイは日本の各都市を徹底的に空爆することで、降伏に追い込む方針を固めていたのだ。

日本本土への上陸作戦が実行される前に、戦争は終わった。終戦時、225万という戦前の100倍の戦力を抱える巨大組織へと変貌していた陸軍航空軍。2年後の1947年、日本への空爆の戦果を足がかりに、悲願の独立を果たした。

今、世界最強のエアパワーを誇るアメリカ空軍。その戦略史を伝える空軍大学には、ある人物の巨大な肖像画が掲げられている。その男は、ウィリアム・ミッチェル。無差別爆撃につながる戦略の原点を唱えた空軍将校だ。航空戦略の創始者の思想は、今もアメリカ空軍内で脈々と受け継がれている。

〈航空軍幹部の
肉声テープ〉

アメリカ空軍士官学校で発見された肉声テープ。太平洋戦争時の航空軍幹部たち246人が当時のことを赤裸々に語っていた。総録音時間は300時間超

〈ルメイと孫〉

チャールズ・ロッジさんが大切にしている祖父・ルメイとの写真

"All the News That's Fit to Print"

The New York Times.

LATE CITY EDITION POSTSCRIPT

NEW YORK, SATURDAY, MARCH 10, 1945.

THREE CENTS

1ST AND 3D ARMIES TRAP 5 NAZI DIVISIONS;
RHINE BRIDGEHEAD GROWS, FOE REPELLED;
300 B-29'S FIRE 15 SQUARE MILES OF TOKYO

PRODUCTION LAGS CHARGED TO UAW; THOMAS HITS BACK

12 Japanese Ships Sunk by Submarines

RECORD AIR ATTACK

B-29's Pour Over 1,000 Tons of Incendiaries on Japanese Capital

BOMBS RAIN 1½ HOURS

Tremendous Fires Leap Up in Thickly Populated Center of Big City

WHERE THE HISTORIC CROSSING WAS MADE OVER THE RHINE

U. S. COLUMNS JOIN

Clear Rhine West Bank From Cologne South to Coblenz Area

FOE SHELLS BRIDGE

9th Army Guns Pound Essen Area—15th Army Now on West Front

DAKOTA FARMER NAMED TO SENATE

REINS IN INDO-CHINA WRESTED BY JAPAN

Bridge Over Rhine Seized With 10 Minutes to Spare

GERMAN COLLAPSE IN BONN AREA SEEN

RUSSIANS 10 MILES FROM DANZIG PORT

War News Summarized

〈東京大空襲を
伝えるNYタイムズ〉

1945年3月10日
"記録的な空爆"と
賞賛している

第5章

大都市から地方都市、全土へ拡大

1

地方の軍事都市へと広がる攻撃対象

軍事施設の多い地方都市への空襲を強化

1945年3月下旬以降、空襲を受ける地域は、それまでの大都市から地方都市へと拡大していく。アメリカ軍の戦闘報告書を読み解いていくと、この時期に攻撃されるようになるのは、地方都市の中でも飛行場や大きな兵器工場のある、いわゆる軍事都市だ。

その背景には大きく二つの要因がある。一つは硫黄島の制圧だ。1945年3月、日本軍の重要拠点であった硫黄島を制圧したアメリカ軍は航空基地を建設、超大型爆撃機B－29の護衛を専門とする部隊を配備した。アメリカ陸軍航空軍「第7戦闘機集団」である。最新鋭のP－51戦闘機が100機以上、日本本土への空襲に加わることになった。護衛がついたことで、B－29の部隊は東京や名古屋などの大都市、さらに範囲を広げて自在に空襲を行うことができるようになっていたのだ。

もう一つの大きな要因が、沖縄侵攻作戦と関連するアメリカ海軍の空襲だ。この空襲は、日本付近の海上に展開された航空母艦（以下、空母）を基地とする艦載機によって行われた。空母には主に、機関銃で比較的近距離からの攻撃を行う戦闘機や、上空から急降下して標的へ爆弾を投下する急降下爆撃機、戦闘機と爆撃機の両方の機能をそなえた戦闘爆撃機、魚雷を海へ発射する装置をそなえた雷撃機などが搭載され部隊を編成。日本の軍艦、軍用機、そして地上の標的を攻撃することができた。USSBS（アメリカ戦略爆撃調査団）の海軍分析部門の文書によると、1945年3月18日から5月28日、艦載機による日本本土空襲は沖縄作戦支援期に突入すると報告されている（アメリカ海軍は2月に一度、関東周辺の航空基地や航空機工場を空襲。その次の大きな作戦が、この沖縄上陸前後の空襲だった）。

担ったのは、主に西日本の航空施設への攻撃だった。1945年3月中旬以降、アメリカ海軍の航空機部隊は沖縄沿岸の空母から陸軍の沖縄侵攻を支援していた。狙いは日本軍の「特攻」対策。アメリカ海軍は軍艦に容赦なく体当たり攻撃を仕掛けてくる特攻機を「カミカゼ」と呼んで恐れていた。

「カミカゼ」の特攻作戦で、米側にも多くの犠牲者が

日本軍による特攻作戦が始まったのは、1944年10月25日。レイテ沖海戦中のことである。艦隊のレイテ湾突入を支援する作戦として、アメリカ軍空母を撃沈させ、甲板に損傷を与え戦力をそぐと

いうものだった。このとき、アメリカ軍の空母2隻が特攻機の攻撃により大炎上、さらに次の攻撃では護衛空母「セント・ロー」の撃沈をはじめ複数の軍艦に被害が及んだ。日本軍はこの戦果によって、以後、特攻作戦を多用するようになった。アメリカ海軍はたびたびこの攻撃に苦しみ、多くの犠牲者を出していたのだ。

１９４５年4月前後、日本の軍事都市への空襲を行っていたアメリカ海軍のパイロットに話を聞くことができた。エドワード・シーバーさん（取材当時94歳）。鹿屋《かのや》や呉、熊本などへの空襲に参加した空母ベニントン所属の急降下爆撃機のパイロットだ。シーバーさんは硫黄島基地から戦闘機P－51が初めて日本本土へ向かった１９４５年4月7日、徳之島《とくのしま》西方で戦艦「大和《やまと》」を撃沈させた部隊で任務にあたっていた人物でもある。たびたび日本の特攻機を目撃し、恐怖を感じていたという。

「我々がいる空母は一番重要なものであり、最も脆弱《ぜいじゃく》なものでした。燃料や弾薬を運んでいるからです。実際に敵の攻撃機がこちらに急降下を始めたときには敵から見えないように姿を隠していました。私たちは、各空母に配備する戦闘機の数を増やすことで、カミカゼに対応しました。カミカゼの攻撃の機会がかなりあったので、それが空母に近づく前に撃退したかったわけです。そして私たちの一番の標的は日本の航空基地でした。そこから飛行機が飛んできて私たちを攻撃してくるわけですから」

シーバーさんが行っていた「急降下爆撃」は、上空から急降下し、標的により近いところで爆弾を投下する攻撃。敵の軍艦や地上の軍事施設を高い精度で爆撃できるとして導入されていた攻撃法だ。シーバーさんによると、降下時のスピードは時速５００キロ近くにもなるという。

米パイロットも任務遂行で頭がいっぱいだった

軍事目標を高い精度で攻撃できるとされるが、陸地への空襲では目標の周辺に着弾し民間に被害を与えることも少なくなかった。たとえば、3月19日の呉への空襲。アメリカ軍の戦闘報告書ではターゲットは軍事目標となっているが、実際には民間の家屋が焼失し、一般市民にも犠牲が出ている。こうした被害の拡大は、攻撃の特性上避けられないものだったとシーバーさんは語った。

「陸上のターゲットを爆撃するのは、毎回非常に難しい任務でした。小さな町に行くときには、自分の飛行機が隣にいる味方の飛行機から25フィート（約7・6メートル）しか離れていないところを飛んでいることを常に意識していなければなりません。だから集中していたのは、地上に何があるかではなくて、隣の飛行機に突っ込みたくないということでした。

さらに、航空基地の周囲には対空砲がいくつも配備されています。面積の限られる軍艦に比べ、陸上の基地は、射程の長い対空砲や大型の武器をより多く備えているのです。彼らの射程内に入れば、私たちはすぐに攻撃を受けます。我々は、今から考えるととんでもないことをやっていました。高射砲の砲撃を避けながら目標を爆撃しようとしていたのです。高射砲の砲撃はあちこちから飛んでくるので、曲芸のような飛行をしていたんだと思います。だから、爆弾が落ちたポイントが、ターゲットから離れてしまうことはあったでしょう。

とにかく任務を達成することで頭がいっぱいです。民間人を殺すために出撃したわけではないんです。戦争において自らの務めを果たすために出撃したわけで、それが結果的に、場合によっては民間人の被害者を出すことになりました。私たちは破壊の様子を分析して、それに対して大きな躊躇《ちゅうちょ》を覚えることになりました。しかし、ひとりの兵士としては戦争そのものを変えることなどできません。私たちの仕事は、自分に割り当てられた任務を果たすこと、それだけでした」

シーバーさんたちが沖縄上陸作戦支援のための空襲を行っていたこの頃、B－29も沖縄作戦支援、すなわち「カミカゼ」対策として、九州・中国地方の航空関連施設への攻撃に参加することになった。具体的な目標を選定したのは、指揮官ルメイだった。

3月27日、161機のB－29が出撃し、大刀洗《たちあらい》飛行場（福岡）、大村《おおむら》飛行場（長崎）、大分飛行場を攻撃。そして3月31日にも同じく大刀洗、大村を攻撃。これらの攻撃は、B－29部隊の本来の任務である東京・静岡・名古屋などの飛行機関連工場や郡山《こおりやま》（福島）の化学工場などへの爆撃と並行して行われた。4月中旬になると九州の飛行場への攻撃は本格化する。国分《こくぶ》、出水《いずみ》、鹿屋、鹿屋東、串良《くしら》、鹿児島、知覧《ちらん》、指宿《いぶすき》（以上、鹿児島）、宮崎、都城《みやこのじょう》、新田原《にゅうたばる》、富高《とみたか》（以上、宮崎）、佐伯《さいき》、宇佐《うさ》（以上、大分）、さらに四国の松山《まつやま》、今治《いまばり》の飛行場まで爆撃を受けた。

アメリカ軍の資料を読み解くと、4月中旬から5月11日まで、サイパンの爆撃機部隊は戦闘能力の多くを九州方面への空襲に使っていた。こうして、空襲は規模を縮小することなく地方の軍事都市まで拡大していったのである。

〈知覧飛行場攻撃を捉えたガンカメラの映像〉

急降下爆撃を受け、煙をあげる知覧飛行場の施設（上）。ロケット弾による攻撃（写真の左右端から中央に向かう、煙を噴いて発光している物体）。命中すれば、機銃掃射よりも大きなダメージを一度に与えることができる（右）

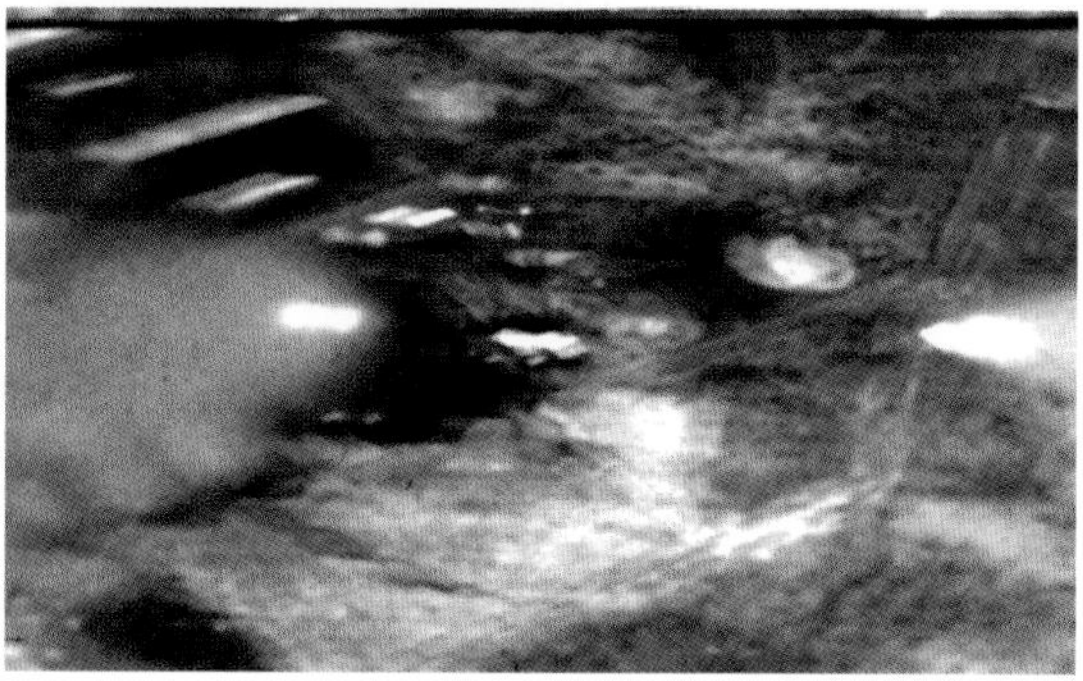

〈エドワード・シーバーさん〉

海軍の空母に搭載された急降下爆撃機のパイロット。自身が搭乗した機体「ヘルダイバー」の模型や、「Kanoya」「Kumamoto」など出撃先が書かれた当時のノートを見ながら、自身の体験を語った

2

空襲拡大でアメリカ軍が負った被害

B－29飛来に邀撃部隊が必死の抵抗

アメリカ軍は、日本本土への空襲を拡大させるとともに、相当の被害にも苦しむことになった。日本は飛来するB－29に対して、当初打つ手がなかったが、やがて「飛燕」「鍾馗」「屠龍」などの戦闘機を中心に邀撃《ようげき》部隊が必死の抵抗をした。中には、防弾装備や機銃をすべて取り外して軽量化した機体で、高高度を飛ぶB－29に体当たりをする部隊もあった。B－29は1944年11月からの4か月間で105機が墜落、864人のパイロット・乗組員らが死亡・行方不明となった。

日本が戦時中に制作した映像に、B－29撃墜を国民に宣伝する内容のものがある。『醜翼撃墜』と名付けられた映像は、落ちて大破したB－29の機体や飛び散った破片、さらに米兵の遺体まで映し出されるショッキングなものである。映像につけられたナレーションは、非常にセンセーショナルだ。

1月9日午後、敵アメリカ空軍、マリアナ基地よりB－29約60機をもって、関東、東海道、近畿の諸地方に分散来襲。その一隊は帝都上空に侵入した。友軍機、必殺の体当たり。この体当たりを受けて、B－29、白煙とともに高度を落とす。この日の撃墜破、実に29機。そのうちの1機は空中分解して、北多摩郡小平町《こだいらまち》に激突。残骸《ざんがい》をさらした。巨大な翼もほとんどその原形をとどめぬまでに打ち砕かれ、敵は来襲するたびごとに、大きな損耗を加えていく。

機関砲、無数の弾丸。酸素吸入装置。補助タンク。

これより先1月3日、名古屋でも我が必殺の攻撃に、敵の1機は山腹に墜落。我が制空陣に凱歌《がいか》上がる。見上げるほどの大きな尾翼。アメのように曲がったプロペラ。醜い死体となったアメリカ兵。関東、東海道、近畿。いずれの地域に襲い来たるとも、我が制空部隊、必墜の態勢は断固たる膺懲《ようちょう》の一撃を加えるであろう（1945年1月18日、日本ニュースより）。

国民に戦果をアピールするために、撃墜した機体数などは事実と異なるところもあるが、日本本土で息絶えた敵兵の姿を見せることによって、日本国民の戦意を高揚させようとしたことは確かである。撃墜されなくとも、日本の戦闘機の攻撃によって被弾するB－29は多かった。そうした機体にとっても、硫黄島の獲得は大きな意味があった。

アメリカ軍の元戦闘機パイロット、ジェリー・イェリンさんによると、日本本土上空で故障したり被弾したりしたＢ－29の不時着地としても硫黄島は重宝されていたという。多くの機体が硫黄島に緊急着陸する様子を目撃したと、イェリンさんは証言している。

米兵捕虜への酷い扱いが、アメリカのプロパガンダに火をつける

日本本土空襲を続けるアメリカ軍の大きな怒りを買ったのが、撃墜されても生き残り、日本の捕虜となったＢ－29搭乗員の扱いだった。捕虜として酷《ひど》い処遇を受けた者は多く、また処刑された米兵も少なからず存在した。

アメリカは、こうした日本軍の残虐な仕打ちを自国民にアピールすることで、さらなる戦意高揚をはかろうとした。

その一例が、『Justice（正義）』というタイトルのプロパガンダ映画だ。日本本土空襲を拡大していくため、爆撃機Ｂ－29の生産を急ピッチで進めていたアメリカ。生産力を高めるため、政府は軍需工場向けのプロパガンダ映画を制作したのだ。

捕虜への冷遇を再現した映像、そして恣《し》意的な編集で、「正義のために日本人を殺すことは正しい」というメッセージを強調する。ナレーションは力強く扇情的である。

その一部を紹介する。

「米兵捕虜を拷問し、飢えさせ、殺害した日本人に対して正義をもたらす」

「アメリカには答えがある。
すべての戦車が日本人を殺す！　すべての飛行機が日本人を殺す！
すべての砲弾が日本人を殺す！　皆さん、今日は日本人を殺しましたか？」

「我々は機械で、力で、汗で正義をもたらす」

この中で「日本人」の部分の英語原文は「ジャップ」。つまり、日本人を卑しめて呼ぶ言葉である。アメリカは、彼らを憐《あわ》れむ必要はないというメッセージを国中に広めていった。そして、日本に勝つためにはあらゆる手段が必要であり、正当であるという気運が広がっていくことになった。

一方、日本でもプロパガンダ映像によって、空襲には屈しない、アメリカ人は鬼畜であるという空気が醸成されていく。

戦場の兵士、そして銃後の国民にまで、敵国への憎しみを浸透させていくことになった日米の空の戦い。この憎しみが憎しみを生む負の連鎖が、さらなる空襲のエスカレートを招いていくことになる。

〈日本の反撃でアメリカ側にも被害が拡大〉

大きく破損した米軍機の機体。日本軍の必死の抵抗により、B-29は4か月間で105機が墜落、パイロット・乗組員ら864人が死亡・行方不明に（1945年1月18日、日本ニュースより）

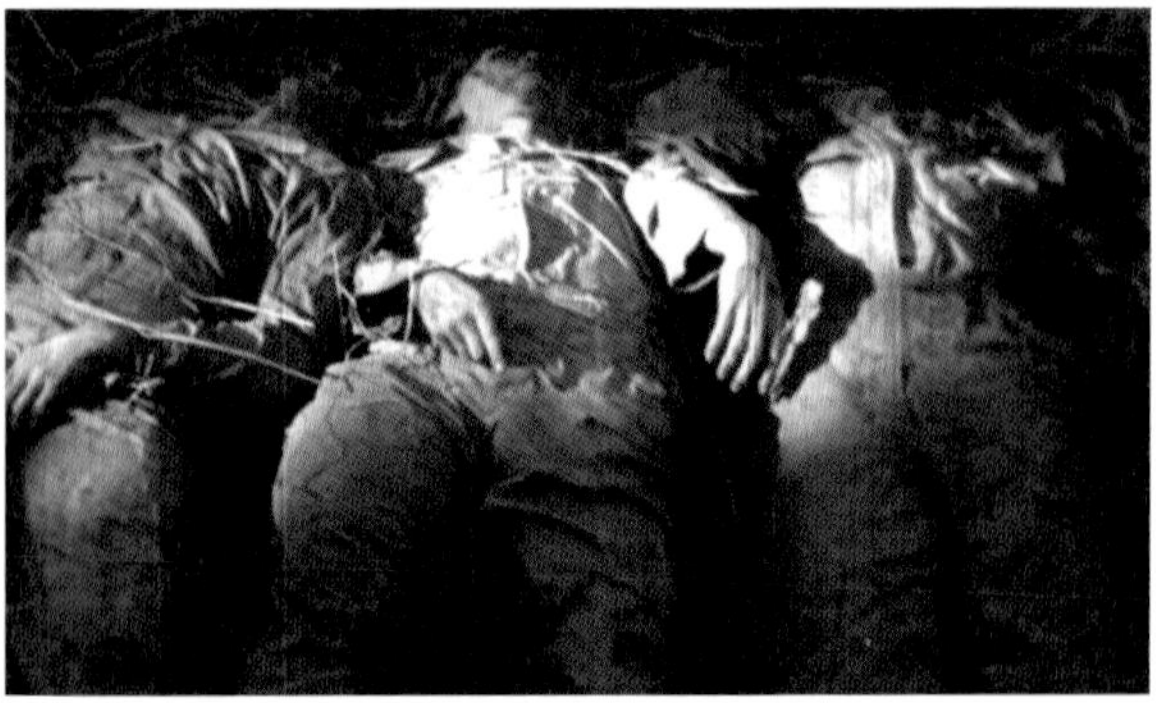

〈米兵捕虜の酷い扱い〉

地面に並べられた米軍機搭乗員の遺体とみられる映像。残虐な扱いがアメリカ国民の戦意を高揚させた（1945年1月18日、日本ニュースより）

第6章

地上で動くものはすべてが標的

1

爆撃機B－29の護衛として最新鋭戦闘機P－51を配備

最新鋭の戦闘機の登場で、日本は急速に制空権を失う

1945年3月26日、アメリカ軍は硫黄島を手に入れた。そこに配備されたのは100機を超える戦闘機P－51。当時、戦闘機の中でも最新鋭の性能を誇る機体だった。B－29ほどの長距離飛行ができず、日本本土へと到達することのなかったP－51が、ついに日本の上空へと姿を現すことになるのだが、この戦闘機が現れたことで戦局は大きく変化した。

これまで日本軍は護衛機なしで飛来するB－29に対して辛うじて応戦していたが、ここに来て、性能で圧倒するアメリカ軍最新鋭の戦闘機の登場によって、完全に制空権を掌握されることとなった。

同年4月7日、制圧した硫黄島から飛び立ったイェリンさんたち第7戦闘機集団は、東京空襲のため、初めてB－29の護衛任務に就いた。その時のことをイェリンさんは鮮明に記憶している。

「私は日本のシンボルである富士山の山頂にガンカメラの照準を定めたのを覚えています。撮影をしている間に、あのシンボルを視野に捉《とら》えたことは、私にとって鳥肌が立つような瞬間でした」

初めて見た日本の風景。この時のガンカメラ映像は残っていないが、当時21歳だった若きイェリンさんの目には、日本のシンボルがはっきりと映っていた。

「本土を攻撃することは記念すべきことでした。私は戦闘機からの最初の攻撃の一翼を担ったのです」

この日の第7戦闘機集団の攻撃を記録した報告書が、今回の取材で見つかった。報告書は複数あり、第7戦闘機集団に所属するグループごとに、任務の概要や戦果が記録されている。それぞれ15～20機で編成され、作戦に参加していたようである。

その1つ、第45飛行中隊・第15戦闘機グループ（20機が出撃）の報告書を詳しく見てみた。20機のP－51が日本本土へ向けて出撃しているが、本土までの洋上は目標となるものがほとんどないため、誘導用のB－29を伴って向かうのが一般的だった。実際この報告書にも3機の誘導用B－29と共に航行し、道中で爆撃任務にあたるB－29の編隊と合流したことが記録されていた。

さらにこの20機は、「Red」「Yellow」「Blue」などの名前がついた4機ずつのグループに分けられ、B－29の機体上部や両脇などに控えて護衛任務を行っていた。このグループ全体で5500発以上の機銃弾を使用し、2機の〝Tojo〟（トージョー。日本軍の戦闘機「鍾馗」のことを連合軍はこのようにコード化して呼んでいた）、そして〝Nick〟（ニック。「屠龍」のこと）、〝Tony〟（トニー。「飛燕」のこと）、〝Mary〟（メアリー。九八式軽爆撃機のこと）のそれぞれ1機ずつを撃墜したと記録されている。

この日、イェリンさんに与えられた任務は、爆撃機B－29の上空を飛んでの護衛だった。その間、イェリンさんは自分たちの機体の下方で行われていた戦闘の一部始終を眺めていた。

「爆撃機の上空を飛ぶ高度飛行任務にあたっていたのは、私を含む4人だけでした。我々の高度が1万6000ないし1万8000フィート（約5000メートル）で、爆撃機が1万から1万2000フィートでした。爆撃機は迎撃されていました。まるで映画のワンシーンを見ているかのように戦闘風景を眺めていました。対空砲火を受ける様子が黒点で見え、爆弾が投下されたり、猛烈にやり合ったりするのを目撃しました。日本の戦闘機が爆発し、煙を噴きながら落下する様子も見ました。火が点《つ》いて、戦闘機が爆発する音が聞こえ、それほど数は多くなかったものの、敵が撃ち落とされたのは確かだと思います。下方で交戦する仲間の戦闘機12機の姿も目撃しました。全員が日本の戦闘機を撃墜できたわけではありませんが、とにかく彼らは責務を果たしていました。この任務に100機以上の戦闘機が導入されていたことは確かなんです」

日本軍による迎撃に対抗するため導入された戦闘機P－51が、日本上空に姿を現したこの日から、イェリンさんはおよそ4か月間、19回にわたって本土空襲の任務に加わっていく。それは「爆撃の援護」という戦闘機の当初の役割を超え、日本本土を徹底的に破壊し尽くしていく真に恐ろしい本土空襲の始まりでもあった。

急速に制空権を失っていった日本。この時、本土空襲は29の軍事都市へと拡大し、2か月間でその数は143回にのぼっていた。

〈B-29を護衛して硫黄島から日本本土へ飛ぶP-51〉

飛行距離が短いP-51戦闘機は、硫黄島に拠点を確保することで、日本本土の大部分へ到達することが可能になった

〈最新鋭の性能を誇ったP-51〉

当初、P-51戦闘機は、本土空襲に向かうB-29爆撃機の護衛任務に就いていた

2

日本軍の迎撃の恐れがなくなり、標的を絞って地上を攻撃

超低空飛行で標的を狙い定めての徹底攻撃

戦闘機P－51に護衛された爆撃機B－29は、日本軍による迎撃を受けることがなくなり、次々と軍事都市への爆撃を遂行。アメリカ軍は、着実に日本の軍事施設にダメージを与えていった。

その結果、主要な基地や飛行場などは機能しなくなり、アメリカ軍の空襲に対して「迎撃」という行為そのものが少なくなっていった。日本による反撃力が弱まったことで、B－29は護衛がなくても単独で爆撃できるようになっていく。そこで、P－51はこれまでの護衛という任務とは異なる「新たな動き」に出始める。

P－51の次なる動き。それは「独自の地上攻撃」への移行であった。破壊力のあるロケット弾を装備していながら小ぶりであった戦闘機は、爆撃機に比べてはるかに機動力に優れており、焦点を絞っ

た空襲を行うことができた。そのため、小回りを利かせて、低空飛行でターゲットに向かって何度も繰り返し攻撃を仕掛けるようになっていった。

では、実際に戦闘機部隊はどのような攻撃を行っていたのか。戦闘機に搭載されていたガンカメラの動画を分析してみると、その空襲の詳細が分かってきた。

再生した映像にまず映し出された標的は、飛行場に並ぶ軍用機や燃料庫など。戦闘機は超低空で地面すれすれをなめるように飛行し、肉眼でしっかりと確認しながら攻撃していた。アメリカ軍は目視で標的を捉え、飛行機を1機残らず破壊するまで徹底した攻撃を行い、日本の戦闘力を奪っていった。

さらにガンカメラ映像を解析すると、低空からの攻撃がいかに有効だったのかということが明らかになってきた。あるガンカメラ映像に映っていたのは、表面に迷彩柄を施した軍事施設とみられる建造物。空襲を避けるため、上空から発見されにくいようカモフラージュしていたようだが、こうした工夫も低空で近距離からの攻撃の前では無力だった。

興味深い映像も見つかった。飛行場に整然と並んだ飛行機に向かって機銃掃射する様子が映し出されたガンカメラ映像。しかし、しばらくすると戦闘機は攻撃をやめてしまう。実はこの映像をよく見ると、標的となった飛行機の脚の部分に車輪がなく、つっかえ棒で支えられていることが分かる。つまり、整列していた飛行機はすべてアメリカ軍の目を欺くためのダミー機だったのだ。迎撃機を失っていた日本は、アメリカ軍による攻撃を偽の航空部隊に集中させようと、ダミー機を用意して必死の抵抗を試みていた。しかし、低空飛行のP－51の前では偽装工作も無意味だったのである。

日本軍による迎撃がなくなり、護衛から攻撃へと役割が変わる

取材で見つかった1945年6月付けの「TACTICAL DIRECTIVE VII FIGHTER COMMAND（第7戦闘機集団・戦術指示書）」には次のようにある。

「第7戦闘機集団の第1ミッションは、超長距離爆撃機のオペレーションを最大限にサポートすること。このサポートとは爆撃機の近くで護衛をすることであり、爆撃機が到着する直前にターゲットエリアの近くを機銃掃射すること、あるいは、爆撃機のターゲット近辺の飛行場にある飛行機などを攻撃すること」

さらに、この戦術指示書には「飛行場に駐機している飛行機への攻撃は、戦闘機グループが独自に行う、あるいは複数のグループが一緒に行うことができる」という記載もされている。

それまで課されていた爆撃機の「護衛」という役割を超えて、戦闘機が集団となって陸上の標的に向かって機銃掃射をする。日本軍による迎撃がなくなり、戦闘機P－51にこれまでとは一線を画す独自の役割がはっきりと指示されるようになっていたのである。当初、爆撃の「援助」という形で日本へ飛来した戦闘機は、いつしか地上の人々にとって、直接的に恐怖をもたらす存在に姿を変えていた。

1945年6月中旬までに、B－29の爆撃と戦闘機の低空からの銃撃によって、日本の主だった飛行場や軍事都市は軒並み破壊され、本土空襲開始からの犠牲者は18万人を超えた。

〈ガンカメラ映像に映った軍事施設〉

上空から攻撃を行う敵の目を欺こうと、迷彩柄に塗装した軍事施設。低空飛行する戦闘機の前では無意味だった

〈飛行場に並ぶダミー飛行機〉

精巧に造られたダミー飛行機が飛行場に並ぶ。飛行機の脚のように見えている部分は木の棒で作られていた

TACTICAL DIRECTIVE
VII
FIGHTER COMMAND

SUN SETTERS
VII

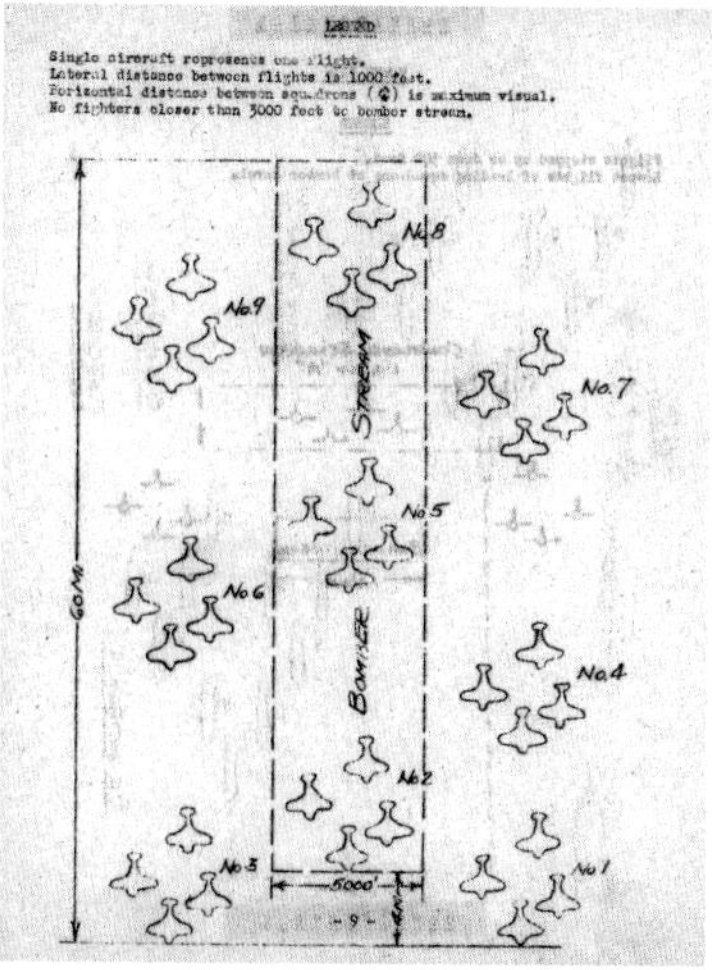

LEGEND

Single aircraft represents one flight.
Lateral distance between flights is 1000 feet.
Horizontal distance between squadrons (℄) is maximum visual.
No fighters closer than 3000 feet to bomber stream.

〈TACTICAL DIRECTIVE VII FIGHTER COMMAND〉
（第7戦闘機集団・戦術指示書）

戦術指示書には、第７戦闘機集団の第１ミッションが爆撃機の護衛であることが明記されている（左）。編隊が指示された図（右）

3

空襲は大都市から中小180都市へ拡大

鉄道への直接攻撃、重要文化財のある奈良まで空襲へ

戦闘機P－51の護衛によって、次々と大都市への空襲を成功させていったアメリカ軍。7月には「Attacks on Small Urban Industrial Areas（中小工業都市地域への爆撃）」と題した文書を作成。1940年の国勢調査をもとに都市の規模などを調べ、攻撃すべき180の都市をリストアップしたのだ。

これによって、アメリカ軍の空襲は従来の大都市に加え、北海道を含む地方の180都市にまで拡大。これまではターゲットにされなかった中小都市も、次々と攻撃されるようになっていった。

また、この時期のアメリカ軍の戦闘報告書を調べると、新たな事実も浮かんできた。これまでには少なかった「鉄道」への直接攻撃が増えていたのだ。その数は7月だけで160か所にのぼっていた。

戦闘機につけられたガンカメラにも、鉄道を機銃掃射する映像が残されている。今回の番組では、まさにその映像に残る機銃掃射の現場で被害にあった人に取材をすることができた。鈴木《すずき》知英子《ちえこ》さん(当時13歳)だ。1945年7月24日の朝、飛行場へ勤労奉仕に行くために列車を待っていた鈴木さんは、突然の空襲警報に驚き、慌てて自宅へと避難するため、駅を飛び出したという。

「一緒にいた女学生たちと、キャーキャー泣きわめきながら、必死に駅から飛び出しました。『奈良には空襲は来ない』と教えられていたから、どこか安心していた部分もありました」

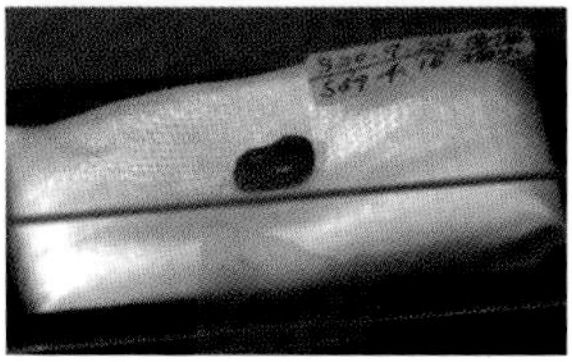

奈良県王寺駅周辺で機銃掃射を受けた鈴木知英子さん(上)。鈴木さんの体内に残っていた銃弾の破片(右)

寺や仏像など多くの重要文化財がある奈良。学校では、そうした文化財をアメリカ軍が狙うことはないため奈良県に空襲が来ることはない、と教えられていた。そのため、毎夜のように大阪の空が焼夷《しょうい》弾による炎で赤く染まっていてもどこか他人事《ひとごと》のように見ていた鈴木さんは、戦闘機が編隊で目前に迫ってきたとき、初めてこれが空襲だと認識したという。戦闘機に見つからないように家に向かって無我夢中で走ったが、玄関を目の前にして機銃掃射の攻撃にさらされる。

「家に着いたと思った瞬間、撃たれました。手に持っていた1冊の本がぐっちょりと血でぬれていました。立つことができず、這《は》うようにして自宅に入ると目を覆うような光景が広がっていました」

必死の思いで家にたどり着いた鈴木さんの目に飛び込んできたのは、頬を撃ち抜かれ血まみれになった妹と、2歳の弟を抱きかかえて手足から血を流す母の姿だった。その後も機銃掃射は15分近く続き、動けなくなった鈴木さんには銃弾が降り注いだという。家には機銃掃射の犠牲となった人たちが何人も運び込まれ、まもなく鈴木さんも意識を失った。

「〝この子生きてるぞ〟という声と、肩を靴でとんとんと蹴《け》られた感触で意識を取り戻しました。左右にはすでにこと切れた女性がうつぶせに放り出されていて、私は死んだと思われていたようです」

目が覚めた鈴木さんが寝かされていたのは小さな診療所に作られた臨時の救護所。右隣にはその日の朝、挨拶《あいさつ》を交わした駅員の女性が変わり果てた姿で横たわっていた。死体と間違われ、ぞんざいな扱いを受けていた鈴木さん。生きていることが分かり、治療が始まってもその扱いは変わらなかった。

「治療といっても腰骨で止まった機銃の弾を取り出すだけ。医師には〝女や子どもに使う薬やガーゼはない〟と言われ、手当てもろくにしてもらえませんでした。見舞いに来た女学校の担任からは〝けがをして勤労奉仕もできないなんて非国民だ〟と言われ、私の心はズタズタになりました」

十分に治療をほどこされなかった鈴木さん。腰には大きな銃撃の傷痕《きずあと》、そして体内には今も取り除くことができない銃弾のかけらが残されたままだ。銃弾の鉛は鈴木さんの身体をむしばみ続け、時折動けなくなるほどの頭痛も引き起こすという。なぜあの時、自分たちが撃たれなければならなかったのか。73年前の空襲が、今も鈴木さんを苦しめ続けている。

輸送船や乗用車から馬まで、動くものはすべてが攻撃目標

鈴木さんが撃たれた王寺駅の空襲をはじめ、7月頃からアメリカ軍の空襲は鉄道など輸送路を狙ったものが増えていく。今回入手したガンカメラの映像には、北海道から九州まで、本土全域で繰り返し行われた空襲の様子が克明に記録されていた。

国鉄（現・JR）の記録によると、鉄道を狙った攻撃で犠牲になったのは少なくとも2300人にのぼっている。また、ガンカメラ映像には鉄道に限らず、輸送船や乗用車、そして馬まで、動いているものは標的として繰り返し機銃掃射を受けている様子が映し出されていた。これまで軍需工場や飛行場を優先的に狙っていたアメリカ軍の方針が、少しずつ変わってきていたのだ。

ではなぜ、アメリカ軍の攻撃目標は変化していったのか。今回見つかったアメリカ軍の資料にその答えがあった。日本の飛行場に戦闘機が少なくなっていたこの頃、アメリカ軍は狙うべき対象がない場合にはパイロットの判断で臨機応変に目標を変更し、攻撃してよいと命令を下していたのだ。それらの目標は「Target of opportunity（臨機目標）」と呼ばれ、天候不順や日本軍の迎撃で攻撃できない場合にも適用された。パイロットの判断で攻撃目標を変更できるこの「臨機目標」に明確な基準はなく、その選定はパイロット一人一人の裁量に任されていたため、ありとあらゆるものが攻撃の対象になり、空襲は激化の一途をたどることとなっていく。

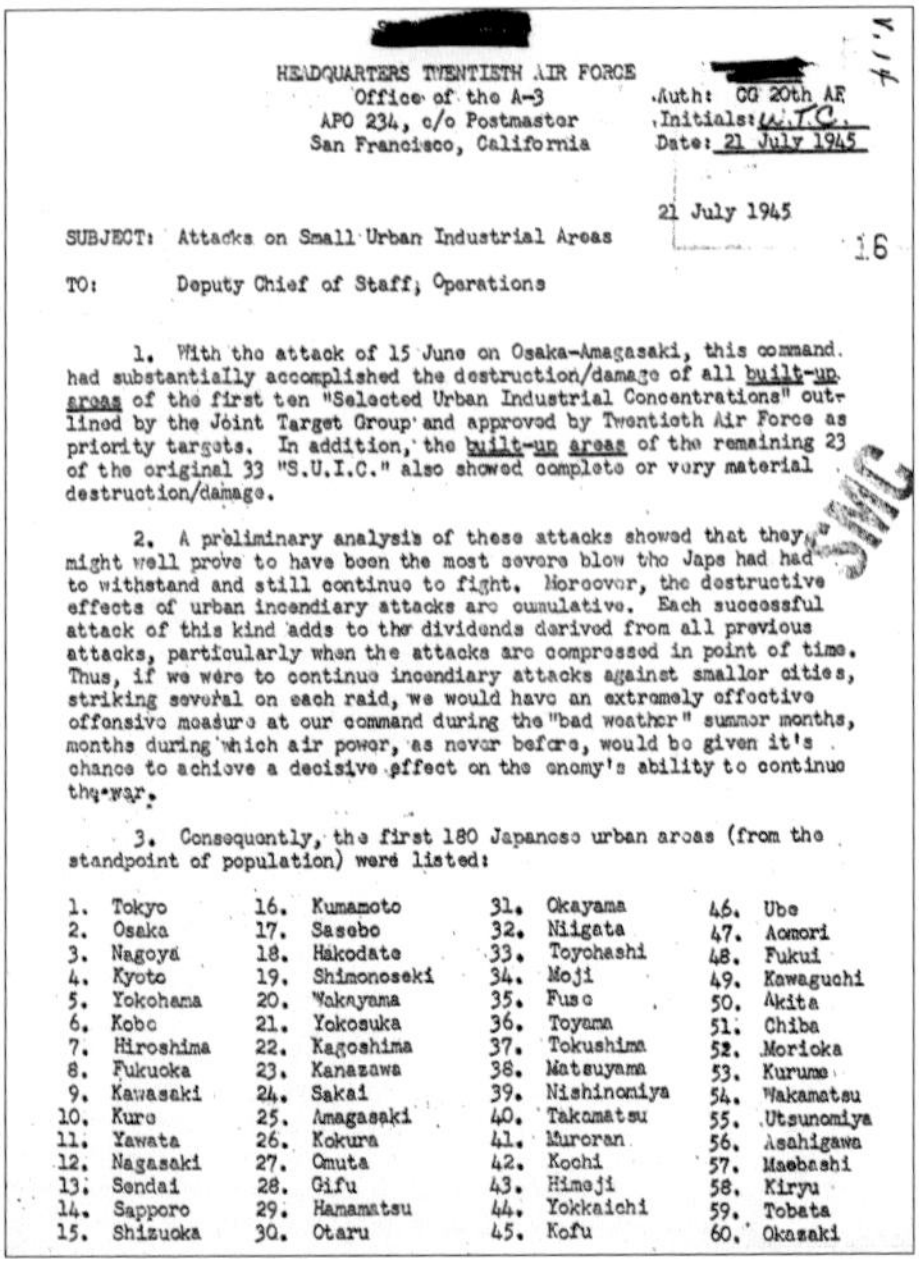

[redacted]

HEADQUARTERS TWENTIETH AIR FORCE
Office of the A-3
APO 234, c/o Postmaster
San Francisco, California

[redacted]
Auth: CG 20th AF
Initials: W.T.C.
Date: 21 July 1945

21 July 1945

SUBJECT: Attacks on Small Urban Industrial Areas

TO: Deputy Chief of Staff, Operations

1. With the attack of 15 June on Osaka-Amagasaki, this command had substantially accomplished the destruction/damage of all built-up areas of the first ten "Selected Urban Industrial Concentrations" outlined by the Joint Target Group and approved by Twentieth Air Force as priority targets. In addition, the built-up areas of the remaining 23 of the original 33 "S.U.I.C." also showed complete or very material destruction/damage.

2. A preliminary analysis of these attacks showed that they might well prove to have been the most severe blow the Japs had had to withstand and still continue to fight. Moreover, the destructive effects of urban incendiary attacks are cumulative. Each successful attack of this kind adds to the dividends derived from all previous attacks, particularly when the attacks are compressed in point of time. Thus, if we were to continue incendiary attacks against smaller cities, striking several on each raid, we would have an extremely effective offensive measure at our command during the "bad weather" summer months, months during which air power, as never before, would be given it's chance to achieve a decisive effect on the enemy's ability to continue the war.

3. Consequently, the first 180 Japanese urban areas (from the standpoint of population) were listed:

1. Tokyo	16. Kumamoto	31. Okayama	46. Ube
2. Osaka	17. Sasebo	32. Niigata	47. Aomori
3. Nagoya	18. Hakodate	33. Toyohashi	48. Fukui
4. Kyoto	19. Shimonoseki	34. Moji	49. Kawaguchi
5. Yokohama	20. Wakayama	35. Fuse	50. Akita
6. Kobe	21. Yokosuka	36. Toyama	51. Chiba
7. Hiroshima	22. Kagoshima	37. Tokushima	52. Morioka
8. Fukuoka	23. Kanazawa	38. Matsuyama	53. Kurume
9. Kawasaki	24. Sakai	39. Nishinomiya	54. Wakamatsu
10. Kure	25. Amagasaki	40. Takamatsu	55. Utsunomiya
11. Yawata	26. Kokura	41. Muroran	56. Asahigawa
12. Nagasaki	27. Omuta	42. Kochi	57. Maebashi
13. Sendai	28. Gifu	43. Himeji	58. Kiryu
14. Sapporo	29. Hamamatsu	44. Yokkaichi	59. Tobata
15. Shizuoka	30. Otaru	45. Kofu	60. Okazaki

〈Attacks on Small Urban Industrial Areas〉
（中小工業都市地域への爆撃）

1940年の国勢調査をもとに都市の規模などを調査、爆撃すべき180の都市がリストアップされた

〈王寺駅のガンカメラ映像〉

現在のＪＲ王寺駅で鈴木知英子さんは機銃掃射を受けた。まさに「その瞬間」を映したガンカメラ映像

〈7月24日の作戦任務報告書〉

奈良県王寺駅空襲の日の記録。「大阪の東もしくは南東方向で鉄道を攻撃した」とある

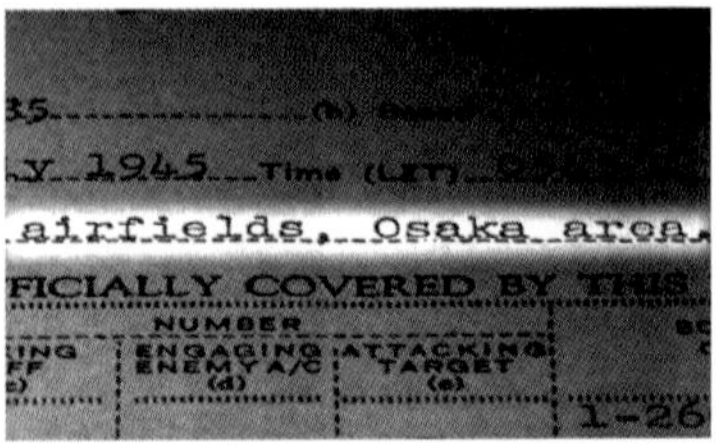

鈴木さんが機銃掃射を受けたのは７月24日。もともとのターゲットは大阪の飛行場だったとみられる

4
攻撃目標をさらに拡大させた「臨機目標」

パイロットの裁量で決められた攻撃対象

鈴木さんが被害を受けた「鉄道」への攻撃は、一体どういう作戦だったのか。この日の戦闘報告書を見ると、意外なことが分かった。そもそものターゲットは「飛行場」だったのだ。なぜこのようなズレがおきたのか、私たちはアメリカ軍の資料をさらに読み進めた。注目したのは、ターゲットの優先順位に関する記述だ。

まず説明されているのが「Primary Target（第1目標）」。すなわち、当初から攻撃すると決められたもの・場所のことである。次が「Secondary Target（第2目標）」。第1目標が何らかの理由で攻撃できない場合に狙うもの・場所のこと。そして、三つ目に記載されているのが「Target of opportunity（臨機目標）」。第1目標、第2目標が攻撃できない場合、あるいは、一定の目標が与えられていない際に攻撃を行うもののことである。奈良・王寺駅で起きた空襲も、この「臨機目標」であった可能性が高いのだ。

天候の不具合などによって目標の確認ができない場合、急遽《きゅうきょ》、標的を切り替えて、次なる攻撃を行うようパイロットたちは指示されていた。そしてその刃《やいば》は、その場その場でパイロットたちが発見した「攻撃すべき対象」と認識したものすべてに、突如向けられることになった。

第7戦闘機集団の元パイロット、ジェリー・イェリンさんに「臨機目標」について話を聞くと、まずはパイロットにとって低空飛行で機銃掃射を行うことの危険性について語り始めた。

「私たちは即座に決断しなければなりませんでした。なにしろ時速400マイル（約640キロメートル）で飛んでいるのですから。地上近くを飛ぶこと自体、危険です。上空戦よりも機銃掃射の時に命を落とした人のほうが多かったのです」

任務だと言い聞かせながら攻撃を加えた米軍のパイロットたち

低空飛行による機銃掃射は、戦闘機のパイロットにとっても決死の覚悟を持って行うものだった。一瞬の気の迷いが命を左右する極限の世界。国力が衰退した日本とは言え、地上からの反撃がないとも限らない。自分自身の生死にも関わるギリギリの飛行の中で、パイロットたちは常に緊張の糸をぴんと張りながら、次々に判断を下し、標的めがけて攻撃を仕掛けていった。そんな尋常ならざる状態で、正常な感覚でいられるはずもなかった。

「本当にたくさんの人が工場で撃たれたり、殺されたりしたと思います。ロケット弾にやられたり、窓から機関銃の弾が飛んできたりして。しかし、私たちがしたことはよく見えませんでした。私たちがしたことの結果がどうなったのかは知りませんでした。私たちは日本人の命には価値をおいていなかったのです。彼らはみんな、敵でした。私個人としては、誰がそこにいるのか、何がそこにあるのかを考えたことはありませんでした。私は自分の仕事をしただけでした」

日本人そのものを標的にしたことはないが、工場や列車などの標的を破壊する際に、その先にいたであろう人々のことをパイロットたちは頭の中から消し去っていたのだ。地上のことを想像する余裕も、そもそもそんな考えを抱くことすらなくなっていた。イェリンさんは、当時のことを次のように振り返った。

「旅客列車も見ました。急接近して速く飛び去るだけです。思い返す暇もありません。なぜなら常に（パイロット自身が）危険にさらされているからです。何か思い返すようなことはしないのです。でも夜になると思い返します。自分のしたことを振り返るんです。任務の後、夜は眠れませんでした」

正常ではない精神状態の中で、徐々に麻痺《まひ》していった感覚。自分自身に任務だと言い聞かせながら、「臨機目標」に向かって攻撃を加えていった戦闘機のパイロットたち。こうして、地上で動くものはすべてが標的となっていった。

〈TACTICAL DIRECTIVE Ⅶ FIGHTER COMMAND〉（第7戦闘機集団・戦術指示書）

第1目標、第2目標に続いて「臨機目標」が攻撃対象として定義されていた

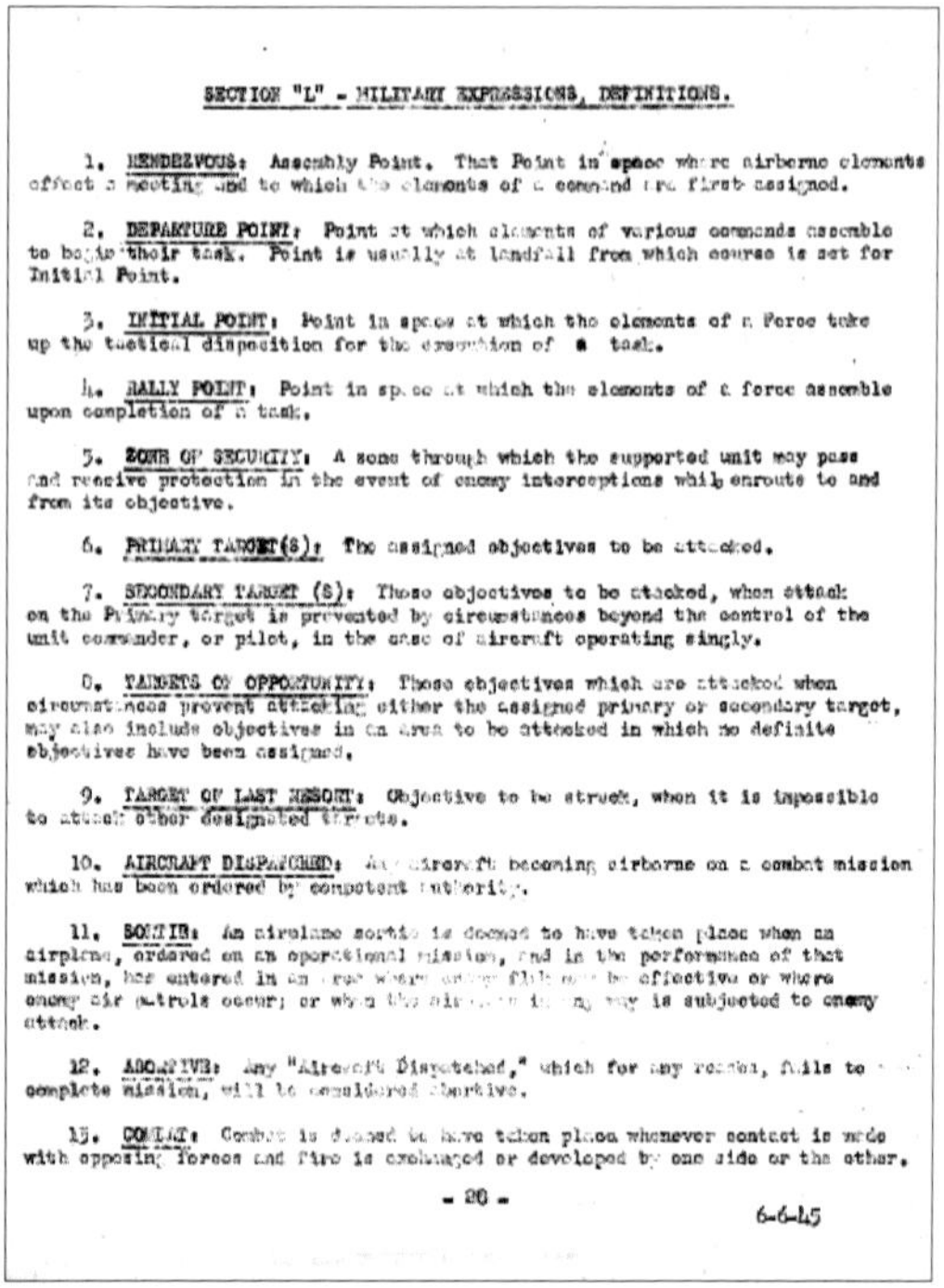

SECTION "L" - MILITARY EXPRESSIONS, DEFINITIONS.

1. RENDEZVOUS: Assembly Point. That Point in space where airborne elements effect a meeting and to which the elements of a command are first assigned.

2. DEPARTURE POINT: Point at which elements of various commands assemble to begin their task. Point is usually at landfall from which course is set for Initial Point.

3. INITIAL POINT: Point in space at which the elements of a Force take up the tactical disposition for the execution of a task.

4. RALLY POINT: Point in space at which the elements of a force assemble upon completion of a task.

5. ZONE OF SECURITY: A zone through which the supported unit may pass and receive protection in the event of enemy interceptions while enroute to and from its objective.

6. PRIMARY TARGET(S): The assigned objectives to be attacked.

7. SECONDARY TARGET (S): Those objectives to be attacked, when attack on the Primary target is prevented by circumstances beyond the control of the unit commander, or pilot, in the case of aircraft operating singly.

8. TARGETS OF OPPORTUNITY: Those objectives which are attacked when circumstances prevent attacking either the assigned primary or secondary target, may also include objectives in an area to be attacked in which no definite objectives have been assigned.

9. TARGET OF LAST RESORT: Objective to be struck, when it is impossible to attack other designated targets.

10. AIRCRAFT DISPATCHED: Any aircraft becoming airborne on a combat mission which has been ordered by competent authority.

11. SORTIE: An airplane sortie is deemed to have taken place when an airplane, ordered on an operational mission, and in the performance of that mission, has entered in an area where enemy flak would be effective or where enemy air patrols occur; or when the airplane in any way is subjected to enemy attack.

12. ABORTIVE: Any "Aircraft Dispatched," which for any reason, fails to complete mission, will be considered abortive.

13. COMBAT: Combat is deemed to have taken place whenever contact is made with opposing forces and fire is exchanged or developed by one side or the other.

- 20 -

6-6-45

〈作戦任務報告書に書かれた臨機目標〉

「臨機目標」であった場合、作戦任務報告書で報告されることもあった

〈戦闘機による攻撃を受ける列車〉

戦闘機の攻撃で炎上する列車の様子。軍事輸送に重要な鉄道網、さらに運搬という役割を担った列車は、恰好の「臨機目標」となった

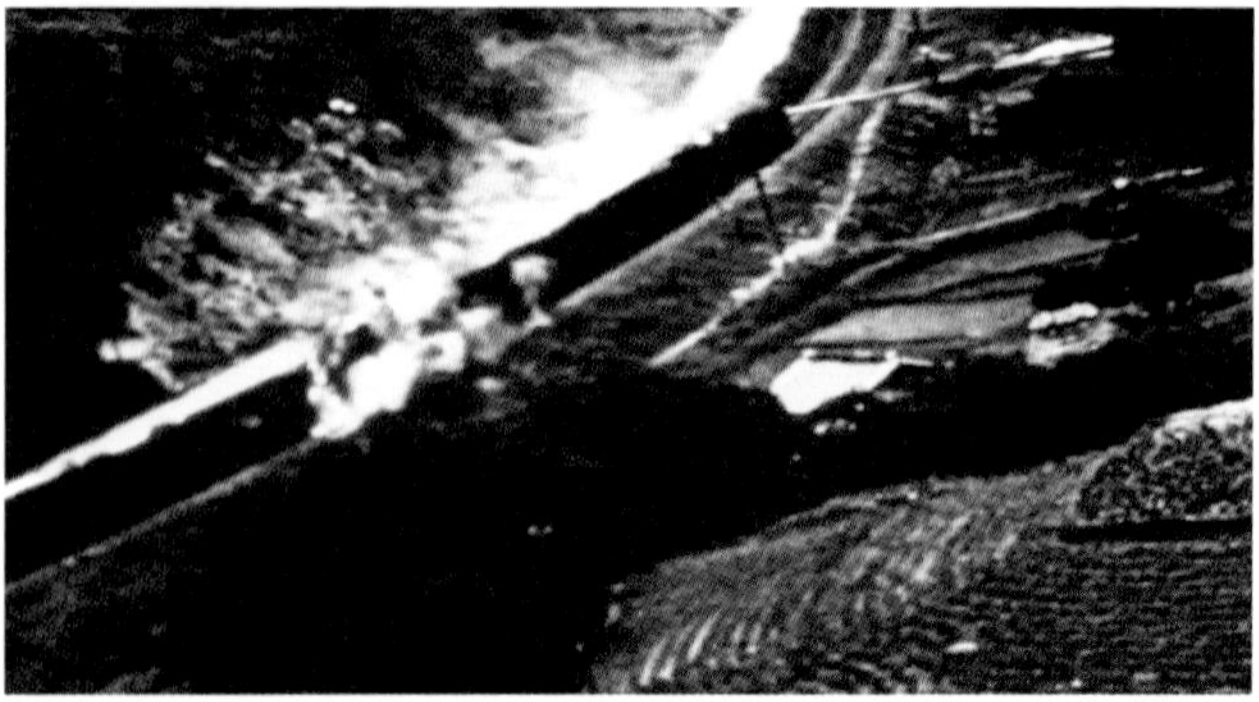

第7章

本土上陸を阻止するために

1 本土上陸を目論む「オリンピック作戦」

2 九州に建設された40か所を超える特攻基地

3 本土決戦のための新たな「秘匿飛行場」の建設

4 全国民を対象に「義勇兵役法」制定

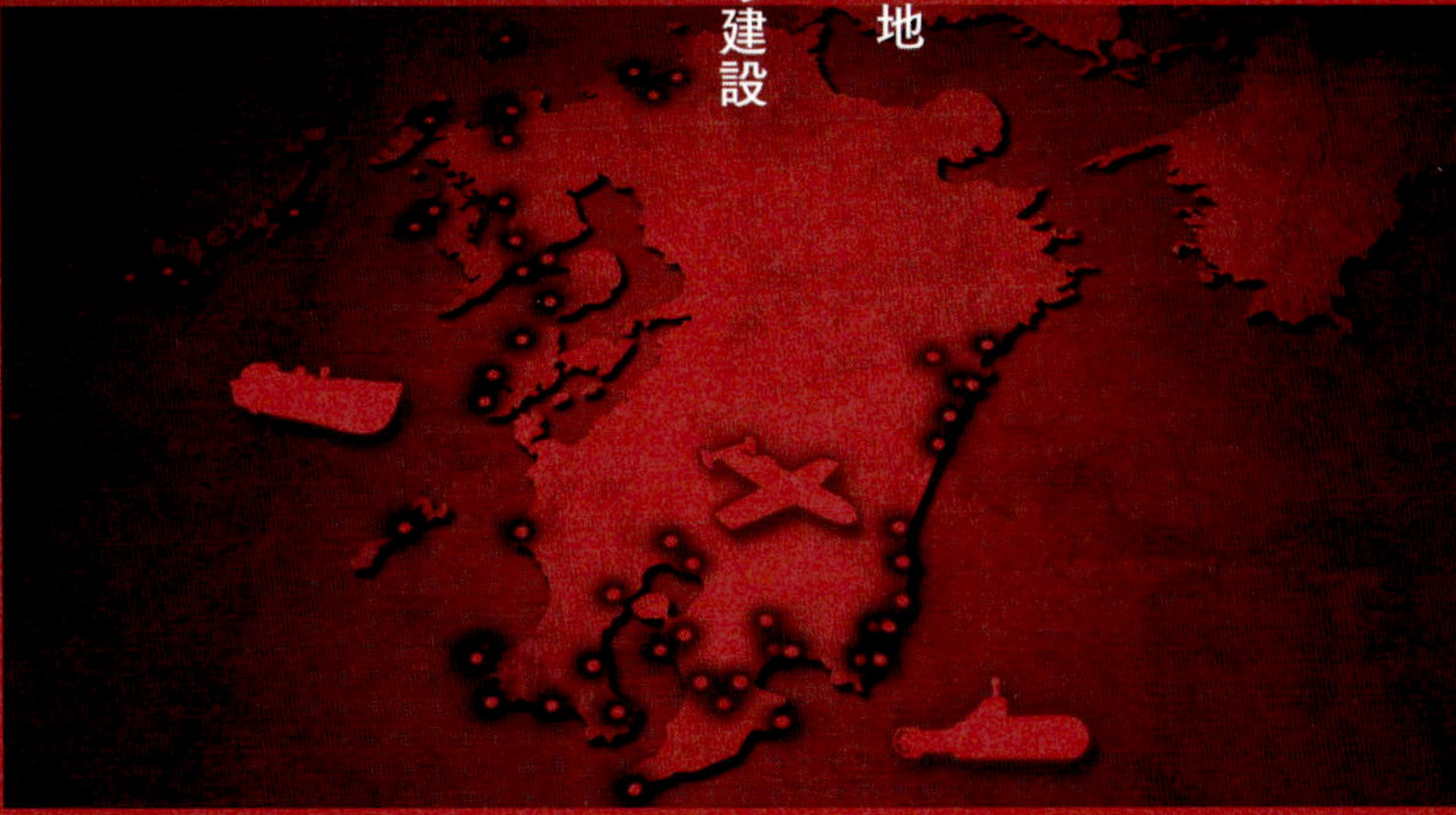

1

本土上陸を目論む「オリンピック作戦」

空襲の4割以上が九州に集中していた理由

空襲が軍事施設の少ない地方都市へと拡大していった1945年7月。この頃のアメリカ軍の戦闘報告書を解析したところ、もう一つの大きな動きが浮かび上がってきた。戦闘機P－51を始めとしたアメリカ陸軍航空軍による空襲の40パーセント以上が九州で行われていたのだ。

なぜ九州に攻撃が集中したのか。その背景には戦争終結に向けたアメリカ軍の戦略が影響していた。「オリンピック作戦」。

3か月にわたる地上戦で沖縄全域を制圧したアメリカ軍が、次の一手として日本本土に進攻するために立てた作戦だ。宮崎県の海岸と鹿児島県の志布志《しぶし》湾、吹上浜《ふきあげはま》の3か所から同時に上陸し、南九州を攻略するというものだった。その目的は、日本本土最南端の孤立化と所在兵力の撃滅、そして本州進攻を支援するために必要な基地の整備。関東平野へ空襲を仕掛けられる新たな拠点を九州南部に整備し、さらに日本を追い込もうと考えていた。

オリンピック作戦の決行予定日は1945年11月1日。九州への執拗《しつよう》な空襲は、それに先駆けた動きだったのだ。

沖縄占領後も容赦ない攻撃を続け、本土決戦も見据えたアメリカ軍。その動きを察知した日本は、対策に追われることとなる。

本土決戦を目的に設立された大日本帝国陸軍の第二総軍に関する資料「第二総軍作戦準備概史案」によると、第二総軍司令部は、大本営の本土決戦思想について次のように述べている。

一　大本営より逐次に強調せられし思想は、本土決戦は太平洋における孤島戦術とは全然異るべきものなり。すなわち、戦場は皇国本土なるがゆえに従来の観念とは全然異りたる決意をもって果敢なる決戦を指導せざるべからず。又地域大にして背面よりの艦砲射撃なく、かつ全力を海岸方面に傾注することを得る。砲、爆撃、戦車等は施設適当なるにおいては恐るるに足らず。敵を破り得るはその上陸後未《いま》だ橋頭堡《きょうとうほ》を構築せず、態勢整わざる間ならざるべからず。従って陣地は海岸に近く選定し、果敢迅速なる決戦を指導するを要す。

このような大本営の決戦思想は、各総軍指令部を通じて陣地構築中だった各第一線兵団にまで徹底的に指導され、異常な決意のもとに従来の陣地線を大修正して沿岸付近に推進するなど、強力な措置がとられていくこととなる。

アメリカ軍が上陸予定地としていた宮崎、鹿児島では6月22日から約10日間にわたって、総軍司令官自ら作戦準備状況を視察するなど徹底が図られた。

当時の状況について記された「第二総軍復員関係資料（作戦準備概史案）」では、それら南九州の準備が遅れていることに対する危機感も報告されている。決戦準備のために各地から部隊が九州にかき集められ、その数は60万人にのぼった。

上陸阻止の訓練は体当たりの特攻だった

待ったなしで進む本土決戦準備は、その地の住民たちも巻き込んで進められていく。アメリカ軍が上陸予定地としていたうちの一つ、鹿児島県吹上浜周辺に住んでいた中山重雄《なかやましげお》さん（当時10歳）はその様子をこう振り返る。

「終戦間際に陸軍の兵隊6人が突然うちを訪ねてきて、自宅の納屋で寝泊まりを始めた。6人もいるのに鉄砲は2丁しか持たないなど装備も貧相で、何をしに来たのか不思議で仕方なかった」

中山さんの自宅に駐屯したのは、本土決戦を見据えて急ごしらえで編成された陸軍部隊・303師団。吹上浜に上陸しようとするアメリカ軍を水際で阻止する陣地の構築と、上陸時の決戦兵団としての教育訓練を目的として集められた303師団の兵隊たちは、波打ち際に向けて砲台陣地を作っていたという。

「上陸する瞬間を狙うつもりなのか、砲台の向きが海上に現れた戦艦に向けてではなく、海岸線を向いていて、不思議だった。兵隊さんたちは40歳近くで、軍服もぼろぼろ。配給される食事も家畜のえさのようなものしかなく、日本はいよいよ危ないのではないかと子どもながらに思った」

およそ精鋭ともいえない303師団の立ち振る舞いに不安をもった中山さんはその後、彼らの奇妙な訓練を目にすることになる。

鹿児島県吹上浜の海岸線で奇妙な兵士の行動を目にした中山重雄さん

「1メートルほどの丸太を担いで、海岸線へ走って行って、二人同時に海岸線に置かれた張りぼての戦車の下に飛び込んでいく。息を合わせて何度も繰り返していた」

中山さんが目撃したのは、応戦の準備ではなく、爆弾を抱えて戦車に飛び込む特攻の訓練だった。武器も満足に支給されない彼らが本土決戦のために繰り返し行っていたのは、自らの命と引き替えにアメリカ軍の戦力を奪うという訓練だった。

「兵士として戦って相手をやっつけるならまだしも、爆弾を抱いて戦車に飛び込むなんてまさに捨て駒。誰がこんな作戦を思いついたのか、本当に信じられない」

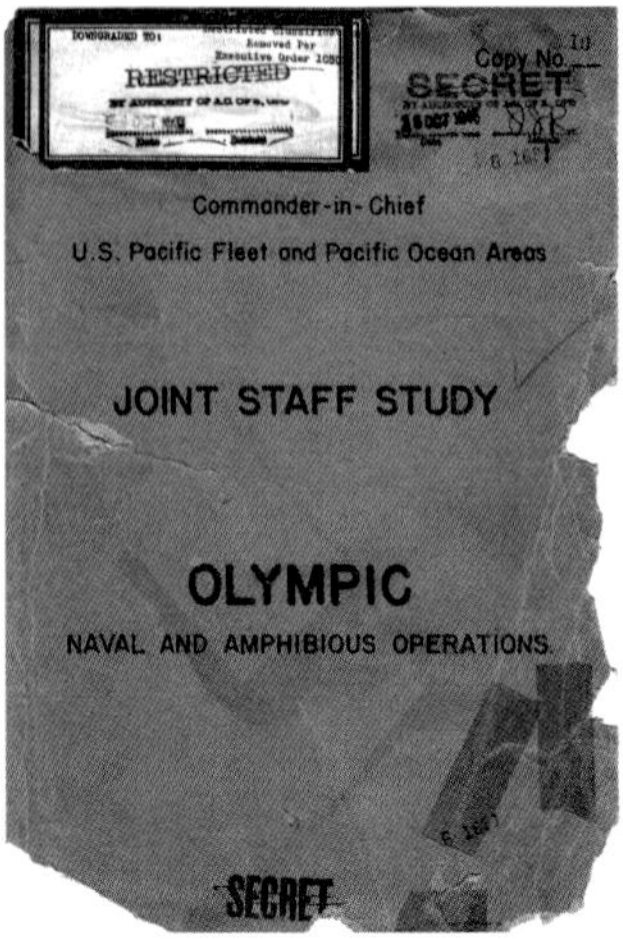

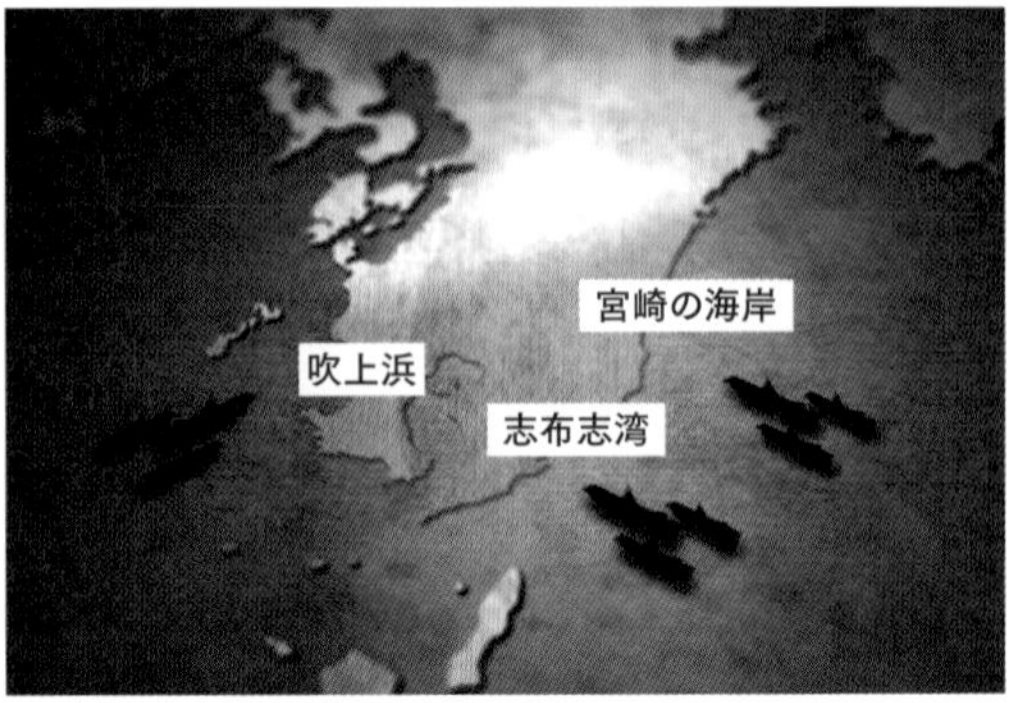

〈オリンピック作戦〉

アメリカ軍が計画していた本土上陸作戦は、宮崎・鹿児島の３地点から南九州を攻める予定だった

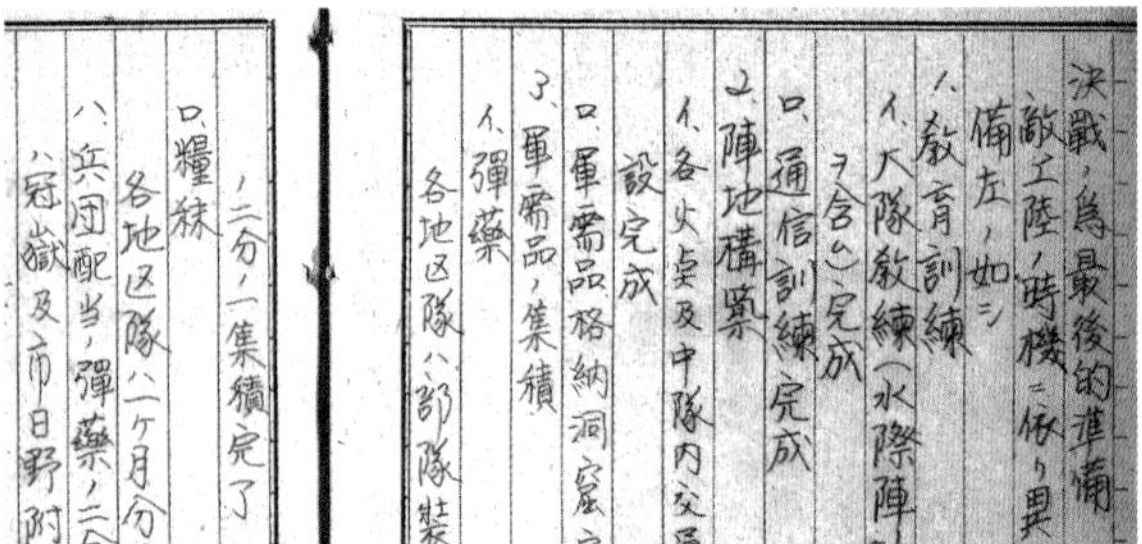

決戦ノ為最後的準備
敵上陸ノ時機ニ依リ異ルモ十月末日ニ於ケル戦斗準
備左ノ如シ
1、教育訓練
イ、大隊教練（水際陣地占領、部隊及挺進中隊
ヲ含ム）完成
ロ、通信訓練完成
2、陣地構築
イ、各火点及中隊内交通壕（暗路）大隊内交通施
設完成
ロ、軍需品格納洞窟完成
3、軍需品ノ集積
イ、弾薬
各地区隊ハ部隊装備ノ全部ノ外兵団配当弾
ノ二分ノ一集積完了
ロ、糧秣
各地区隊ハ一ケ月分集積完了
ハ、兵団配当ノ弾薬ノ二分ノ一及糧秣（兵団ノ一ケ月分）
ハ冠嶽及市日野附近ニ集積

陸軍

〈防衛研究所資料「第三百三師団作戦計画」〉

本土決戦を見据えた急ごしらえの陸軍部隊に配布された武器一覧（下）。ほとんどの武器が満足に与えられないまま、特攻訓練だけが続けられていた

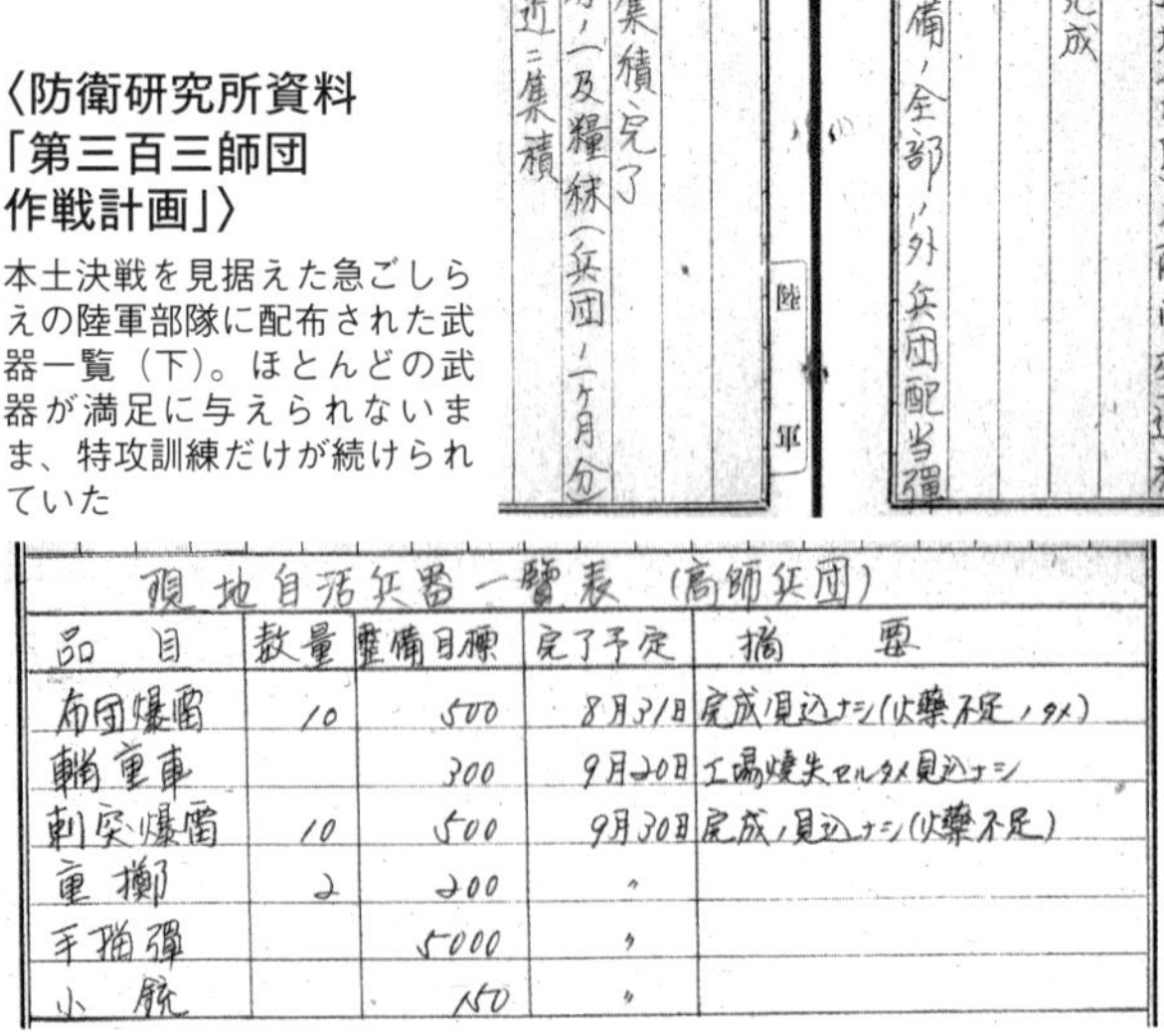

現地自活兵器一覧表（高師兵団）

品目	数量	整備目標	完了予定	摘要
布団爆雷	10	500	8月31日	完成見込ナシ（火薬不足ノタメ）
輜重車		300	9月20日	工場焼失セルタメ見込ナシ
刺突爆雷	10	500	9月30日	完成ノ見込ナシ（火薬不足）
重擲	2	200	〃	
手榴弾		5000	〃	
小銃		150	〃	

2

九州に建設された40か所を超える特攻基地

特攻基地が多く作られたため、九州への空襲が激化

本土決戦に向けて日本軍が選択した中年兵士による「特攻作戦」。実はこうした特攻作戦はアメリカ軍上陸阻止の要《かなめ》とされていた。

大本営は1945年3月に「決号作戦」と呼ばれる本土防衛の最終作戦計画を策定。7月13日には「決号航空作戦ニ関スル陸海軍中央協定」が示達《じたつ》され、西日本を担当していた第六航空軍は一般機約400機、特攻機約1000機で四国九州方面を守るよう命じられている。

その頃に作られた第六航空軍の計画では、敵の来攻にあたっては全軍特攻で殲滅《せんめつ》することや、場合によっては速度が劣る練習機の特攻も厭《いと》わないなど、戦力の多くが特攻にさかれることとなっていく。

決号作戦に備えて、戦闘機だけでなく人間魚雷「回天」、特攻艇「震洋」、人間爆弾「桜花」など、空

と海のさまざまな特攻兵器の開発が進み、九州に配備されていた。そして、特攻基地は南九州を中心に、40か所以上も建設されていった。

1944年10月、フィリピンをめぐるアメリカ軍との戦いのさなかに始まった特攻。アメリカ軍は命を捨てたその体当たりを「カミカゼ」と呼び、警戒を強めていた。当時のアメリカの雑誌では、「カミカゼは20世紀の人類の仕業とは思えない、不気味な兵器」と紹介し、市民に対しても日本への報復を正当化し、特攻基地が多く作られた九州への空襲を激化させていった。

避難した防空壕まで焼夷弾の煙が襲う

今回の取材で入手したガンカメラの映像に、そうしたアメリカ軍の動きが見て取れるものがあった。兵士が撃っているのは、鹿児島県市来町《いちきちょう》（現・いちき串木野《くしきの》市）の学校。一部の校舎には本土決戦の準備を行う兵士たちが駐屯していた。その校舎からわずか100メートルほどの距離に自宅があった久保《くぼ》冨喜夫《ふきお》さん（当時11歳）は、この空襲で4歳の弟と1歳の妹を亡くした。

「母親と二人で兵士に納める野菜を収穫していたときに、突然、空襲にあった。ダダダダダーッという機銃掃射の音が鳴り響く中を、必死で防空壕《ごう》まで走った。自宅は爆弾の直撃を受けて、もうもうと煙を上げていた。弟は天皇陛下万歳と叫び、『鉄砲担いだ兵隊さん』と歌いながら、そのまま亡くなった」

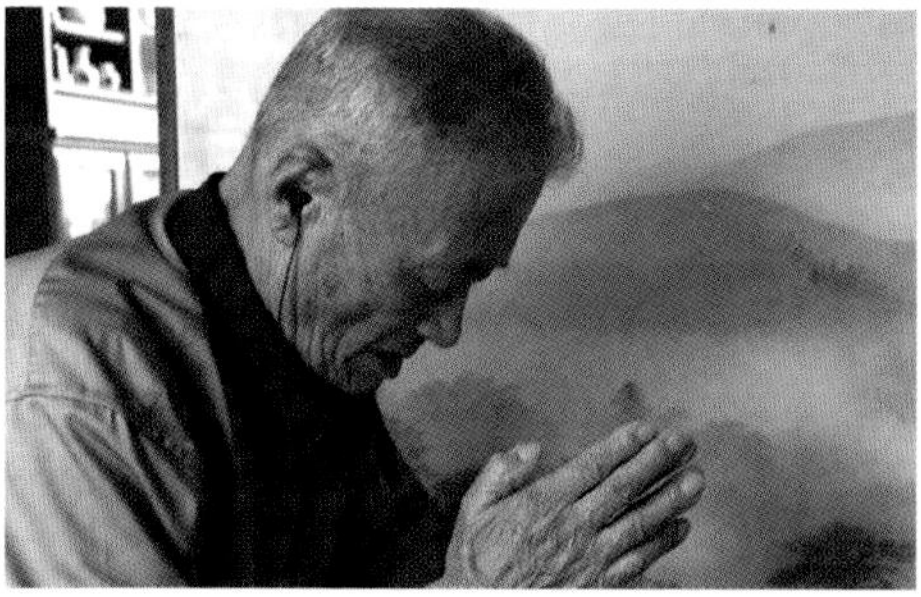
仏壇に手を合わせる久保冨喜夫さん。防空壕に避難したものの、空襲による火災の煙に巻き込まれて弟と妹を亡くした

防空壕に避難したものの、焼夷弾による火災の煙に巻き込まれ窒息死した久保さんの弟と妹。郷土誌によると、アメリカ軍は機銃掃射をしながら焼夷弾《しょうい》をばらばらと投下し、町内の広範囲で火災を発生させ、多大な損害を与えた。敵機の絶え間ない機銃掃射のせいで警防団や被災者は消火作業もできず、燃えるに任せておくしかなかったという。

空襲は、弟と妹の葬儀もままならないほどに町を破壊し尽くした。久保さんは母親と一緒に穴を掘り、幼い二人を自ら埋葬したという。

「母親は埋葬した穴を見つめたまま泣き続けていたが、自分は不思議と涙が出なかった。人が亡くなることに対してどこか麻痺《まひ》していた。ただ亡くなった、それだけ」

久保さんの自宅周辺では少なくとも2回の空襲が行われ、計25人が亡くなった。犠牲者の約半数は10代に満たない子どもたちで、ほとんどが防空壕の入り口に投下された焼夷弾によって焼死したのだった。

本土決戦に向けて、多くの兵が駐屯していたにもかかわらず、日本軍からの迎撃は一発もなかったという。住民たちは敵機の絶え間ない機銃掃射をただ見ることしかできなかった。

久保さんは「アメリカ軍の戦闘機に対して何もできない日本の兵隊を見て、日本は終わりだと子どもながらに思った」と語る。

〈特攻兵器各種〉

本土決戦に向けて作られた特攻兵器。人間魚雷「回天」（上）、特攻艇「震洋」（下左）、人間爆弾「桜花」（下右）

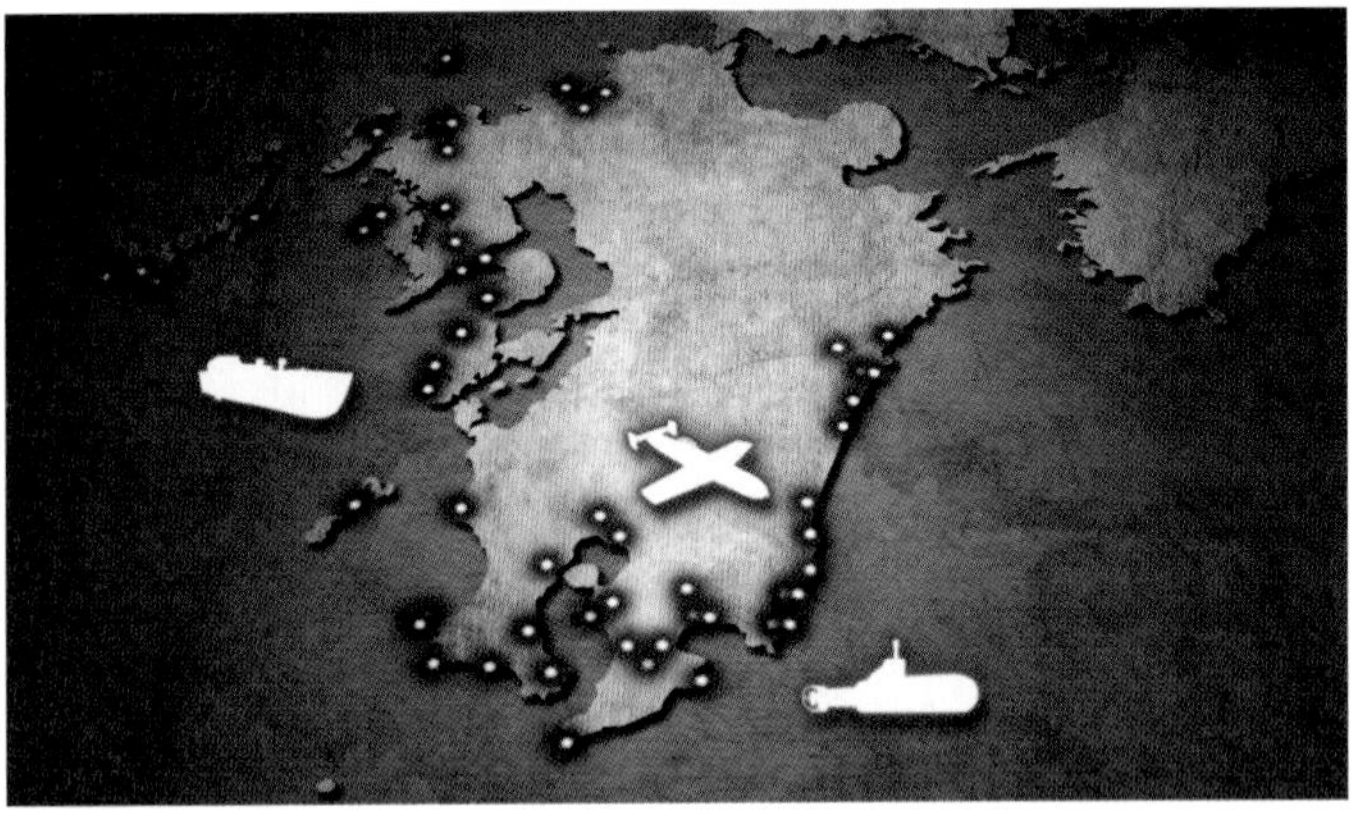

〈各地に作られた特攻基地〉

南九州を中心に40か所も作られた特攻基地。特攻機は南九州沿岸部を中心に配備された

〈市来町を空襲するガンカメラ〉

市来町（現・いちき串木野市）を空襲する様子を捉えたガンカメラ。右上が学校、左の燃えている場所が久保さんの家周辺

3

本土決戦のための新たな「秘匿飛行場」の建設

空襲とは無縁の山麓につくられた秘密の飛行場

空襲の拡大と、日々不利になっていく戦局。一方で、日本軍は空襲が始まった当初に比べ、邀撃《ようげき》に出ることは少なくなっていた。物資不足で新たな戦闘機の生産が困難な中、来たる本土決戦に備え、飛行機は隠して温存する策をとっていたのだ。特攻を要とする日本軍の方針によって、九州以外でも国民がさらなる危険に巻き込まれることになった。

未だ空襲とは無縁だった奥羽《おうう》山脈の麓《ふもと》にある秋田県六郷町《ろくごう》（現・美郷町六郷《みさとちょう》）。1945年5月、本土決戦の命運をかけたある極秘プロジェクトが動いていた。それは、本土決戦のための新たな飛行場「秘匿飛行場」の建設だ。

本土上陸を企てるアメリカ軍の船を、特攻をもって水際で食い止めようと考えていた日本軍。そのために、アメリカ軍に発見されない新たな飛行場が必要だった。当時、各地の飛行場は度重なる空襲で破壊され、秋田県内にある飛行場が空襲を受けるのも時間の問題だと言われていた。かつて飛行場として使用したことがあった町内の広大な原野に陸軍航空部隊が目をつけ、地元に打診。幅２００メートル、長さ１５００メートルの巨大滑走路づくりが始まった。

　この大プロジェクトを託されたのは、主に国民学校の5、6年生。近隣の計10校から２０００人近くが作業に動員されることになった。5月以降、作業は毎日行われ、子どもたちが授業そっちのけで駆り出されたのであった。

　当時、六郷国民学校6年生だった宇佐美《うさみ》晃一《こういち》さんは、一日も休まずに滑走路づくりに参加した。子どもたちが行ったのは、広大な原野を鍬《くわ》でならし、そこに小さな芝を一枚一枚貼り付けていくという途方もない作業だった。軍からは「飛行場の周りは、直線ではなく、不整形にして周辺の耕地となじむように」とカモフラージュの指示も出されていたという。宇佐美さんは、「『最後の決戦のために絶対必要な飛行場だ。みんなでがんばって、できるだけ早くつくらないといけない。戦地にいる兵隊さんはもっと命かけてやってるんだから』と先生からよく言われたもんです」と語った。

　また、学級長だった宇佐美さんは、作業を一生懸命にやらない子どもがいると「小隊長であるお前の責任だ」と言われ、教師から手を上げられることもあったという。子どもたちまで、国を背負う軍隊のように戦争に動員する、この当時の空気をよく物語っている。

来たる本土決戦に備え、秘匿飛行場に飛行機を隠して温存

秘匿飛行場の完成が近づいていた1945年7月15日。村の誰もが想像していなかった事件が起こる。初めての空襲だ。

この空襲を体験した女性に話を聞くことができた。この日は、六郷国民学校の全校生徒で、宇佐美さんたち上級生を激励する行事が企画されていた。女性はこの学校の教師で、子どもたちを連れて学校から飛行場へ歩いていたとき、突然頭上に戦闘機が現れたという。

「私の記憶では2機飛んできた。『日本の飛行機だ、どれだけ飛行場ができたか見に来たんだな』と思って手を振って万歳をしたの。子どもたちも『万歳』ってやったの。そうしたらババババーンっていきなり撃ってきたもんだから、とっさに近くの建物の中に隠れろと子どもたちに言って……」

それは、三陸《さんりく》沖の空母から飛び立ったアメリカ海軍の戦闘機。2回にわたって滑走路周辺を機銃掃射したという。

近くにあった民家の敷地からは、このときのものと思われる銃弾が見つかっている。幸いけが人や犠牲者は出なかったが、村はパニックに陥った。

「飛行場周辺にいた人は全員死んだ」というデマが次から次へと伝わり、びっくりした父兄たちが、

自分の子どもの名前を泣き叫びながら飛行場周辺まで捜しにきたそうだ。女性は、この日の気持ちを次のように回想した。
「六郷まで空襲されて、『日本はもう手がないな』と思いました。けれども非国民になるから、絶対に口に出さなかった。みんなそう思ってたと思いますよ。だけど口には出さなかった」

これ以上戦争を継続できるのかという疑問の声は、空襲激化にともない、日本のトップでも上がり始めていた。

1945年6月に行われた最高戦争指導会議。当時の首相、鈴木《すずき》貫太郎《かんたろう》がまとめさせた『国力の現状』が冒頭で読み上げられた。

その中で、航空機を中心とする兵器の生産に関しては、「空襲ノ激化ニ因《よ》ル交通及生産ノ破壊竝《ならび》ニ（中略）材料、燃料等ノ逼迫《ひっぱく》ノタメ在来方式ニ依《よ》ル量産遂行ハ遠カラズ至難トナルベシ」と予測。また、汽船や鉄道の輸送力、さらに食糧も開戦以来の危機を迎えており、「近代的物的戦力ノ総合発揮ハ極メテ至難トナルベク民心ノ動向亦《また》深ク注意ヲ要スルモノアリ」とまとめた。

もはや戦争継続は不可能であるとするこの報告に対し、軍はあくまで「徹底抗戦の趣旨に沿うものでなければならない」と主張。日本は、アメリカとの望みなき戦いへとさらに突き進んでいくことになった。

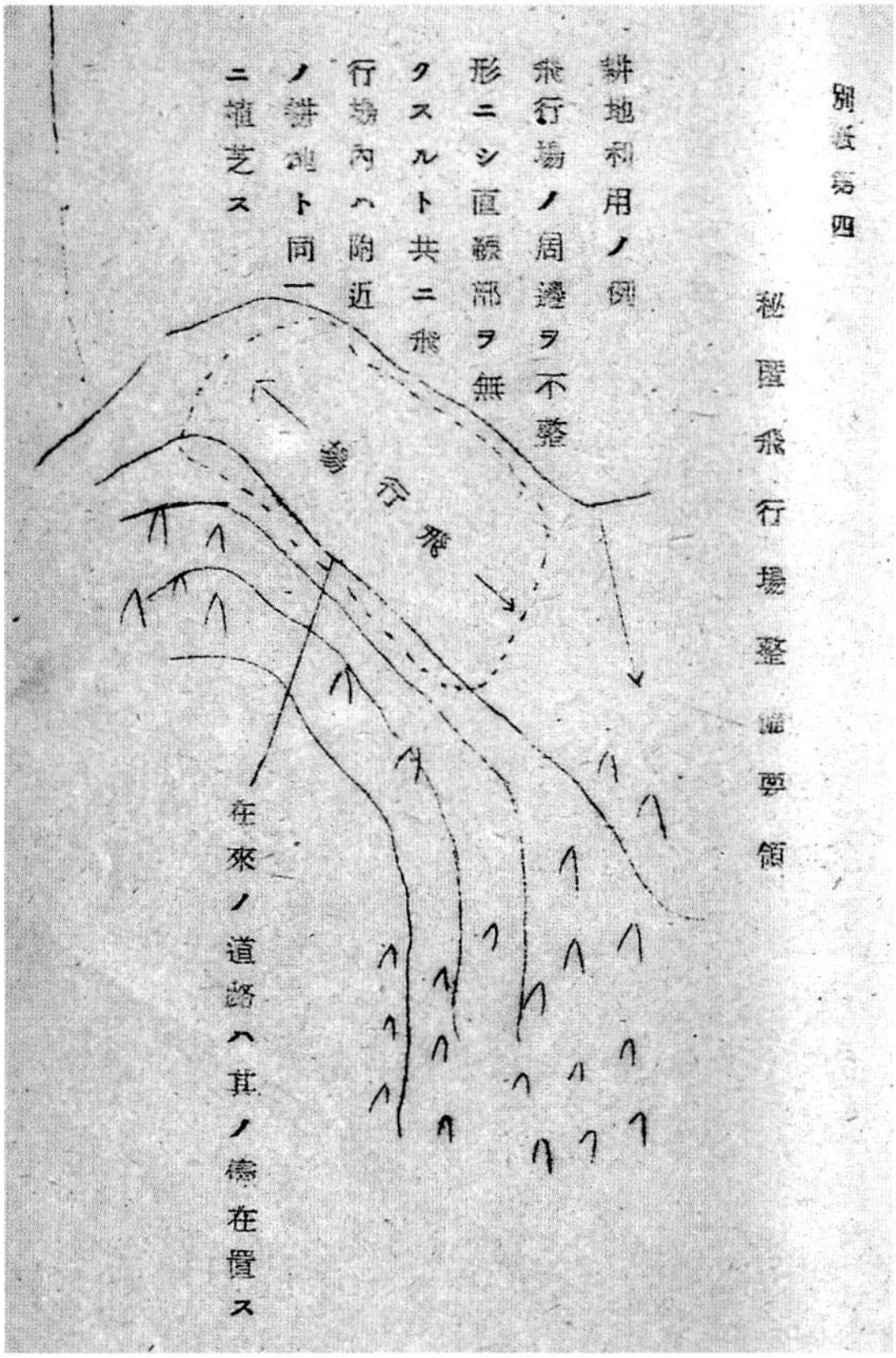

〈防衛研究所資料「秘匿飛行場整備要領」〉

まだ空襲の被害を受けていない地域を中心に、陸軍・海軍ともに複数の「秘匿飛行場」整備が進められた

〈秘匿飛行場の滑走路が作られた付近（現・美郷町六郷）〉

軍事目標になるものは一つもない奥羽山脈の麓の小さな町。山を越えて突然現れたアメリカの戦闘機は、静かな町を一瞬でパニックに陥れた

4

全国民を対象に「義勇兵役法」制定

志願すれば小中学生でも戦闘参加が可能に

子どもも大人も総動員し、アメリカ軍の本土上陸を阻止する態勢を作っていく日本。1945年3月、すでに政府は『決戦教育措置要綱』を閣議決定し、「国民学校初等科ヲ除キ、学校ニ於《お》ケル授業ハ昭和二十年四月一日ヨリ昭和二十一年三月三十一日ニ至ル間、原則トシテ之《これ》ヲ停止スル」と決定。さらに5月には『戦時教育令』を公布して非常体制へ。学徒にも〝奉公〟を求めた。

6月には、こうした動きをさらに加速させる法律が制定された。最終決戦に向け、全国民を戦闘に動員する『義勇兵役法』だ。その一部を紹介する。

貴族院議長から内閣総理大臣に出された「義勇兵役法案」所蔵：国立公文書館

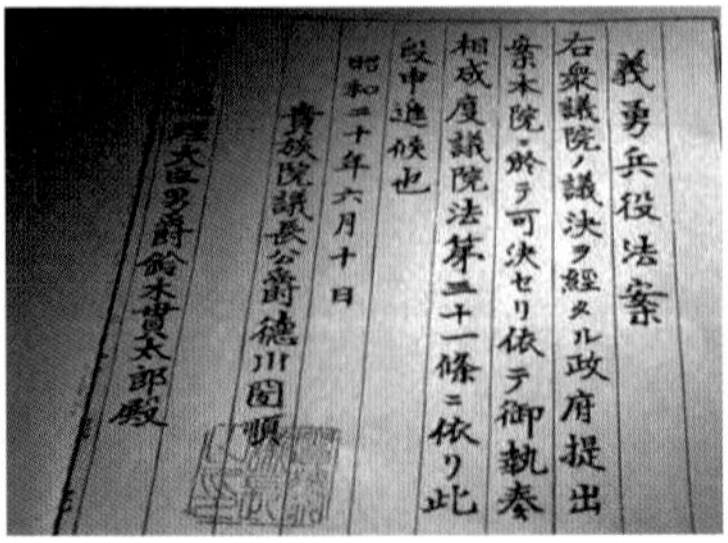

義勇兵役法（昭和20年6月22日 公布）

第一條　大東亜戦争ニ際シ帝国臣民ハ兵役法ノ定ムル所ニ依ルノ外本法ノ定ムル所ニ依リ兵役ニ服ス　本法ニ依ル兵役ハ之ヲ義勇兵役ト称ス　本法ハ兵役法ノ適用ヲ妨グルコトナシ

第二條　義勇兵役ハ男子ニ在リテハ年齢十五年ニ達スル年ノ一月一日ヨリ年齢六十年ニ達スル年ノ十二月三十一日迄《まで》ノ者（勅令ヲ以《もっ》テ定ムル者ヲ除ク）、女子ニ在リテハ年齢十七年ニ達スル年ノ一月一日ヨリ年齢四十年ニ達スル年ノ十二月三十一日迄ノ者之ニ服ス（略）

第三條　前條ニ掲グル者ヲ除クノ外義勇兵役ニ服スルコトヲ志願スル者ハ勅令ノ定ムル所ニ依リ之ヲ義勇兵ニ採用スルコトヲ得（略）

第五條　義勇兵ハ必要ニ応ジ勅令ノ定ムル所ニ依リ之ヲ召集シ国民義勇戦闘隊ニ編入ス（略）

対象となる年齢は記されているが、第三条にあるように志願すれば小中学生の年齢でも戦闘に加われるようになったのだ。九州のある地域では、学校でアメリカ軍への攻撃方法を学ぶ訓練が行われたという。「敵が上陸してきた場合には、敵の急所をめざして竹槍《たけやり》で突けと言われて何回も練習した。一人一殺で練習しろと教えられた」と証言した男性もいた。

こうした日本の動きは、アメリカ軍も察知していた。1945年6月に第5航空軍が発行した週刊レポートには、「THERE ARE NO CIVILIANS IN JAPAN（日本に民間人はいない）」と題したこんな文章がある。一部を紹介する。

民間人とは、いかなる軍の組織にも属さない者である。大日本帝国政府が「全ての男、女、子供は義勇隊に動員され、敵が侵略を試みた時に敵を破壊し、我が国の海岸から追いやるために団結する」と布告した。もちろん「義勇」という言葉の使用はおかしく、また日本らしいものである――この言葉は、人びとが政府の命じた通り行動する日本においては全く何の意味も持っていない。「義勇隊」の動員が命令された時、あらゆる民間人が、民間人であることをやめた。全ての者が国防のために動員され、「敵を破壊し、海岸から追いやる」ように指示されたのである。あらゆる男、女、子供が、軍隊の一員となった。よって、全民間人は義勇隊の一員となり、また同隊は武装予備軍となった。義勇隊は全ての男、女、子供を含むため、日本国の全人口が軍隊を援護する武装予備軍となったのだ。かくして、日本国の全人口は正式な軍事目標となった。日本に民間人はいない。

子どもも大人も、軍人も民間人も、果てなき戦闘へと巻き込んでいった日本。こうして日本全体がアメリカ軍の空襲のターゲットとなり、さらなる悲劇を生むこととなった。

〈アメリカ第5航空軍週刊レポート〉

このレポートの著者は、日本の義勇兵役法について紹介し、すべての国民が国防に動員されうることから「日本に民間人はいない」と繰り返し主張している

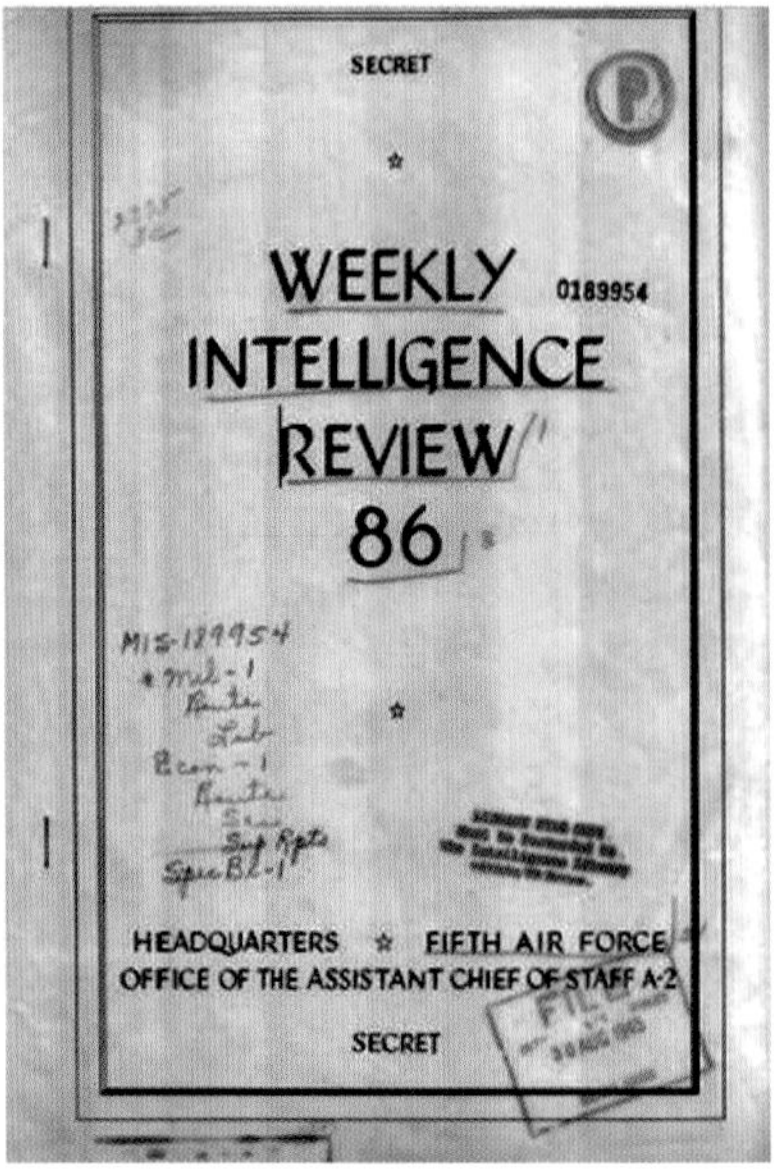

第8章

終戦まで続いた本土空襲、46万人が犠牲に

1 広島・長崎への原爆投下、その後も続いた空襲

2 終戦前日の惨劇、名古屋鉄道渥美線への空襲

3 1945年8月15日、終戦

4 元米軍兵士の戦後、日本人女性の語り部としての想い

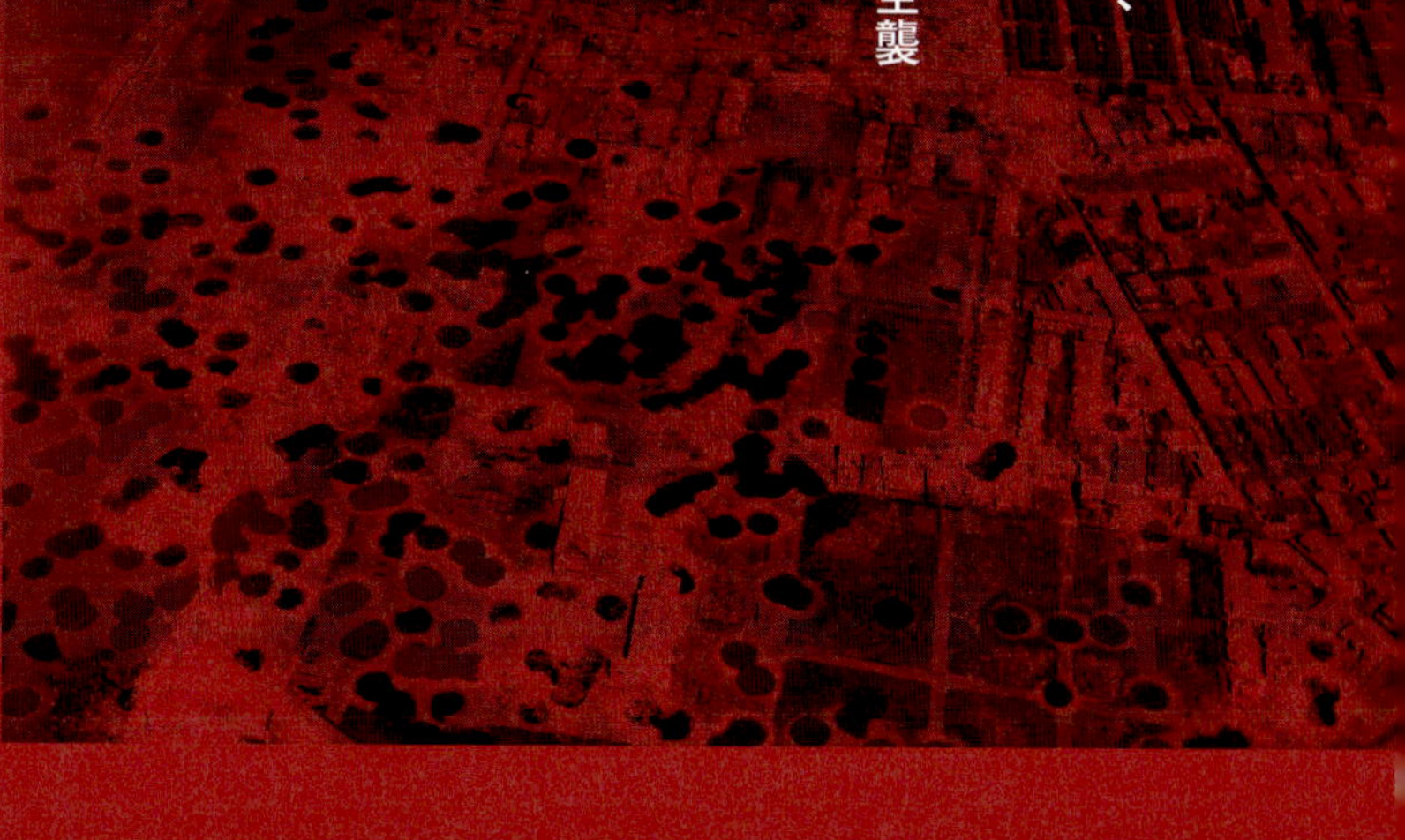

1 広島・長崎への原爆投下、その後も続いた空襲

原爆投下とソ連の参戦で瀬戸際に立たされた日本

1945年8月1日、アメリカ陸軍航空軍の第38回の創立記念日にあたったこの日、陸軍航空軍の総司令官アーノルドは記念に敵の本土に全兵力を送れと要請した。

マリアナの戦略航空軍はこの求めに応じて、8月1日には新潟県長岡《ながおか》市、8月2日には東京都八王《はちおう》子《じ》市、富山市、茨城県水戸《みと》市に焼夷《しょうい》弾爆撃を行った。富山空襲でアメリカ軍が試算した消失率は99・5％。その後も空襲は激しさを増し、5日には佐賀市や群馬県前橋《まえばし》市など、中小都市への爆撃が続いていった。

本土決戦を見据えたかのように激化する空襲に対して、日本軍は軍官民をあげて決戦準備の完成に最終最善の努力を傾けていた。しかし、迎えた8月6日午前8時15分、原子爆弾（以下、原爆）が広

島に落とされた。一瞬のうちに広島市内は壊滅、当時の広島市の人口のおよそ3分の1、約14万人が犠牲となった。

その翌々日の8月8日夜、ソ連が満ソ国境線及び日ソ国境線を突破して対日攻撃を開始。そして翌8月9日午前11時2分には長崎にも原爆が投下され、7万人以上が犠牲となった。

二度の原爆投下と突然のソ連対日参戦で、戦争を終結させるか否かの瀬戸際に立たされることになった日本。長崎に原爆が投下された翌日の8月10日には、全日本軍の無条件降伏等を求めた「ポツダム宣言」の受諾についての御前会議が開かれた。

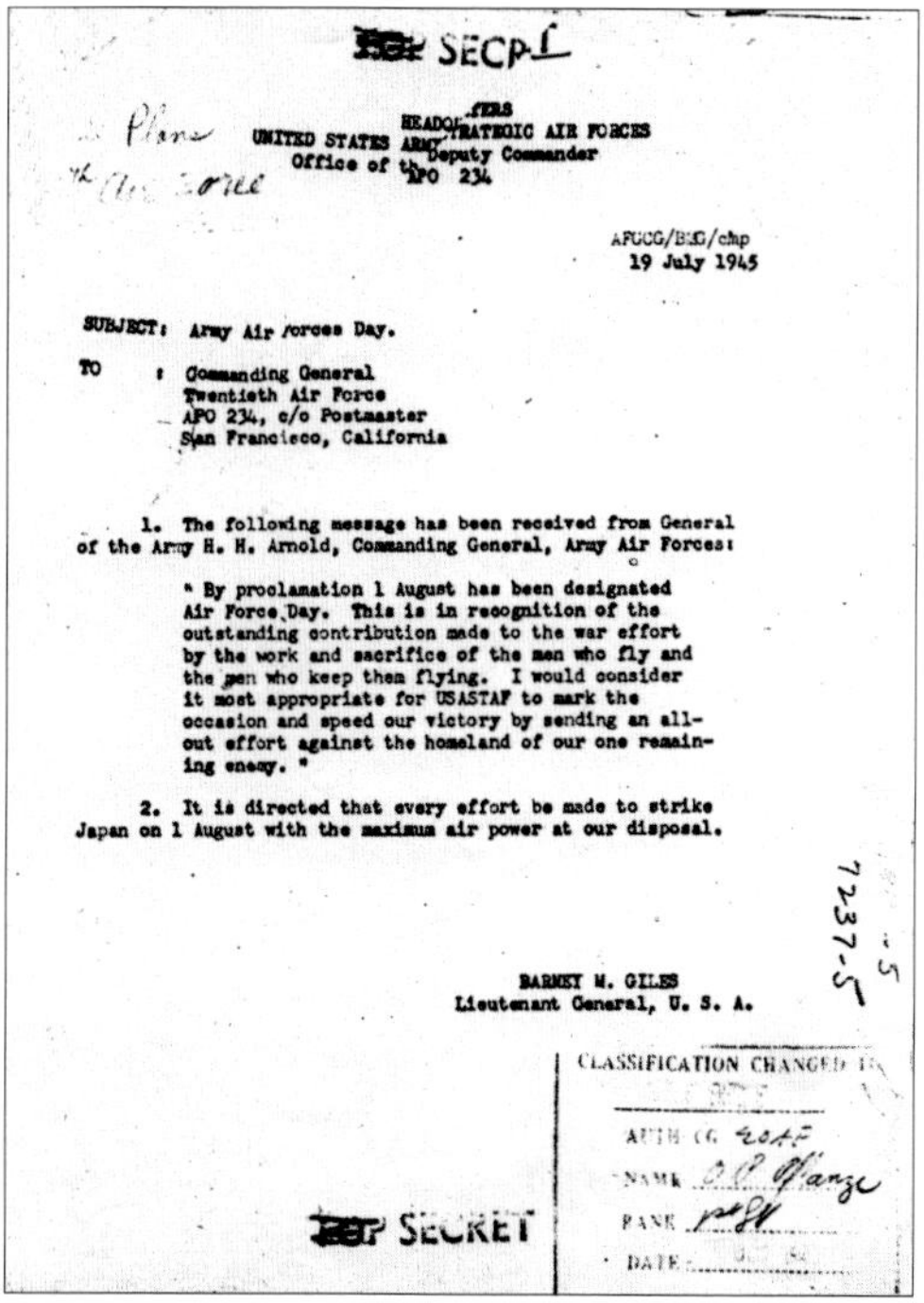

SECRET

UNITED STATES ARMY STRATEGIC AIR FORCES
Office of the Deputy Commander
APO 234

AFCCG/BMG/chp
19 July 1945

SUBJECT: Army Air Forces Day.

TO : Commanding General
Twentieth Air Force
APO 234, c/o Postmaster
San Francisco, California

1. The following message has been received from General of the Army H. H. Arnold, Commanding General, Army Air Forces:

" By proclamation 1 August has been designated Air Force Day. This is in recognition of the outstanding contribution made to the war effort by the work and sacrifice of the men who fly and the men who keep them flying. I would consider it most appropriate for USASTAF to mark the occasion and speed our victory by sending an all-out effort against the homeland of our one remaining enemy. "

2. It is directed that every effort be made to strike Japan on 1 August with the maximum air power at our disposal.

BARNEY M. GILES
Lieutenant General, U. S. A.

CLASSIFICATION CHANGED TO
AUTH CG 20AF
NAME
RANK
DATE

SECRET

〈祝賀大爆撃(1945年8月1日)〉

陸軍航空軍の第38回の創立記念日に、総司令官アーノルドが日本本土に全兵力を送るよう要請
所蔵:マクスウェル空軍基地歴史資料室

その会議の中で、昭和天皇は以下のように述べている。

「大東亜戦争がはじまってから、陸海軍のしてきたことをみると、どうも予定と結果とがたいへんちがう場合が多い。いま、陸軍、海軍では、さきほども大臣、総長が申したように本土決戦の準備をしており、勝つ自信があると申して

いるが、わたしはその点について心配している。（中略）

わたしの任務は祖先から受け継いだこの日本という国を子孫に伝えることである。今日となっては、一人でも多くの日本国民に生き残ってもらい、その人たちに将来ふたたび起《た》ち上がってもらうほかにこの日本を子孫に伝える方法はないと思う。（中略）

わたしのことはどうなってもかまわない。たえがたいこと、しのびがたいことではあるが、この戦争をやめる決心をした」（迫水久常『大日本帝国最後の四か月　終戦内閣〝懐刀〟の証言』河出書房新社、２０７～２０８ページ）

御前会議によって、ポツダム宣言受諾の方針は決まった。しかし、「天皇制」の存続にこだわっていた日本政府内部では降伏条件を巡ったやりとりが長引き、降伏宣言がなされないまま3日が経過した。無条件降伏を急いでいたアメリカ軍は、プレッシャーをかけるために再び空襲を行うことにしたという。

終戦前日の8月14日には東京大空襲の2倍以上にあたる７７９機のＢ－29が出撃し、山口県の光《ひかり》海軍工廠《こうしょう》や岩国《いわくに》駅、秋田の日本石油土崎《つちざき》工場など6か所を目標にした空襲を決行した。

各地の郷土誌などに残された記録によると、８月14日から15日の２日間で空襲にあったのは11都市、犠牲者は２０００人以上にのぼった。

〈終戦前日に日本各地で決行された空襲〉

（上）山口県光市にあった光海軍工廠では学徒動員の少年少女133人を含む738人が死亡
（中）山口県・岩国駅周辺に空襲の煙が立ち上る
（下左）秋田県では日本石油土崎工場が狙われた
（下右）同じく秋田県の日本石油土崎工場。街の姿は変わり果てた

2

終戦前日の惨劇、名古屋鉄道渥美線への空襲

空襲と無縁の街で突如起きた米軍機による機銃掃射

日本政府にプレッシャーをかけるために行われた終戦直前の空襲では、これまで空襲とは無縁だった都市も被害にあった。愛知県東部、渥美《あつみ》半島に位置する田原《たはら》市もそのひとつだ。

8月14日昼頃、豊橋《とよはし》市と渥美半島を結ぶ名古屋鉄道渥美線が戦闘機による機銃掃射を受け、学徒動員で帰宅途中だった学生など少なくとも15人が亡くなった。機銃掃射にあった電車に乗り合わせていた彦坂登《ひこさかのぼる》さん（当時13歳）は、当時の様子をこう語る。

「電車に乗って帰っていると、突然、『敵機が近づいているぞ』と大声が車内に響いた。乗客みんなが雨戸を閉めると車内は真っ暗に。するとダダダーッとすさまじい音がして、夢中で電車の床に身をかがめた。しばらくすると電車が止まって、無我夢中で外に出た。周りを見る余裕はまったくなく、

自分が飛び出そうとしている出口のこと以外、目にも入らなかった。線路脇の土手の斜面にへばりつくと、上空には敵機が、操縦士の顔が分かるほど低空で飛んでいて、まるで笑っているようだった」

敵機は旋回を繰り返して4、5回の機銃掃射を浴びせた後、南の方に飛び去ったという。幸い彦坂さんには怪我がなかったものの、白色の開襟シャツは他の人の血と肉片で真っ赤に染まっていた。8月14日が近づくと、彦坂さんの脳裏にはこの空襲で命を落とした5人の友人たちの顔が今でも浮かんでくるという。

「次の日には終戦を知らされた。あと1日終戦が早ければ、と何度も悔やんだ。戦争の最後の日に、撃たれなきゃ、みんな85歳まで、墓地に入らなくて今も生きているんですよね。それが悔しい。毎年8月14日になると、あの日がよみがえる」

空襲と無縁だった街で突如起きた戦闘機による機銃掃射。半島で唯一の総合病院だった渥美病院には多くの死傷者が運びこまれた。外科の外来を担当していた河合《かわい》アヤエさん（当時19歳）は、次々と運ばれてくる負傷者の処置に追われたという。

「患者が運ばれてくると同時に、処置する順番決めを行いました。重傷でも助かりそうな人は真っ先に手術、しばらくそのままで大丈夫な人はそのまま待ってもらい、既に亡くなった方は奥にやり、出血多量などで助かりそうもない人は後回しにせざるを得ませんでした」

負傷者の中には幼い子どもも多く含まれていた。足がなく、血だらけで水を求めたまま亡くなった赤ちゃん。背中に機銃掃射を受けながらも、「天皇陛下万歳」と声を上げる小学生。これまでになかった空襲は、一瞬にして職場を野戦病院に変えたという。

「外科にいたので傷はよく見ていますが、銃創は見たことがなく、これは本当に戦争へ行った人たちと一緒で、ここも戦地だなと思いました。何でこんなところで、罪のない、戦争のことなんかよく分からない人たちが狙われたのか。その記憶は鮮明すぎて全然、誰にも言えませんでした。どうせそんなこと言ったたって分からない、見た人でないと。だから誰にも、70年たっても話しませんでした」

これまで自身が見た戦争について一切話をしてこなかったという河合さん。今回、NHKの取材に応じてくれたのは、なんの罪もない市民が無差別爆撃によって、終戦間際に亡くなったことを知ってほしいという思いからだった。

「電車事故のことは、私の心にまだ詰まっています。その時の光景がはっきりまだ、昨日のように見えます。無駄死にですよね。兵隊さんたちは覚悟で出て行くけど、内地の何も知らない人たちがそういうふうになったのは、本当に悲惨です。戦争はいけません」

空襲任務中「すでに戦争が終結していた」

元パイロットのジェリー・イェリンさんもまた、終戦前日の8月14日、いつ終わるとも知れない日本本土空襲任務に就いていた。原爆が広島、長崎に投下され、硫黄島にいたパイロットたちも「いよいよ終戦は近い」、そんな期待を抱いていたときの出撃だった。

任務前日の13日、上官はイェリンさんたちを招集して次のような説明をした。

「日本と交渉中であるが、相手から返答がない。だから、私たちが日本へ行って、敵の意識を私たちに向けさせておかなければならない。終戦が決まれば、『ユタ』という暗号が送られる。その時点で任務を切り上げ、帰還する」

今回収集した膨大な機密資料の中から、8月14日の日付が記された戦闘報告書が3点発見された。それらの報告書はすべて、第7戦闘機集団に所属していた飛行部隊のものだった。そしてそこには、名古屋方面へと出撃していたことが記載されており、その中には、イェリンさんが所属していた飛行部隊も含まれていた。戦闘報告書によると、イェリンさんたちは低空機銃掃射には参加していないとある。しかし、確かにその日、イェリンさんたちは名古屋周辺の上空を飛んでいた。

「車内の人間に向けて銃撃しているなど夢にも思いませんでした。私たちは、あくまで列車に向かって銃撃していたんです。個人的に、日本人を殺しているという意識を持ったことはありません。地上に人がいるという意識はありませんでした。国全体が私たちの敵でした」

どこの飛行部隊が臨機目標をめがけて攻撃していたのか、戦闘報告書からはっきりと読み解くことはできない。しかし、最終任務を終えたイェリンさんたちパイロットが硫黄島に帰還したとき、ある事実を伝えられたという。それは、空襲任務中「すでに戦争が終結していた」ということだった。

終戦を告げる「ユタ」という暗号は日本にいた戦闘機に向けて流されていたのだが、その言葉は、帰着するそのときまで飛行部隊に届くことはなかった。

〈大東亜戦争動員学徒殉職之碑〉

1945年8月14日、名古屋鉄道渥美線の機銃掃射で犠牲になった中学生たちの名が刻まれている

〈彦坂登さん〉

機銃掃射を受けた名古屋鉄道渥美線の列車に乗っていた彦坂さん。終戦目前のこの空襲で5人の同級生を失った

〈河合アヤエさん〉

渥美病院に勤めていた河合さんは負傷者の治療に追われた。その時の光景を今でも鮮明に覚えているという

3

1945年8月15日、終戦

46万人の犠牲者を出した本土空襲

太平洋戦争の早期終結の名目で、アメリカ軍が再びB－29を出撃させた8月14日。日本では最後の御前会議が開かれた。この席上で、天皇はポツダム宣言の受諾を連合国側に通知するよう述べた。この天皇の意思を受け、閣議は終戦を決定。これにより日本のポツダム宣言受諾が決まり、14日23時、スイス、スウェーデン経由で連合国側に受諾を通知。1945年8月15日、日本は終戦を迎えた。その日、本土空襲の矢面に立たされていた市民はどのように終戦を知り、受け止めたのだろうか。

1944年11月に東京・武蔵野市で初めて空襲を経験した中里崇亮《なかざとすうりょう》さん。終戦までに受けた空襲は9回にも及び、満足に寝られない日々が続いていた。15日正午、自宅だった寺の中庭に集まった近所の人たちと一緒に、ラジオから流れる玉音放送を聞いたことが忘れられないという。

「大事な放送があると言うのでラジオに耳を傾けていると、ガーガー雑音がする中、天皇陛下の声が所々聞こえてきた。当時小学校2年生だった私には何を言っているのか、さっぱり分からなかった。放送が終わると、父は『日本は負けたんだ』と言うと、その後は黙って泣いていた。負けたことは悲しかったけれど、昼夜問わず避難を続ける生活が終わり、安心して寝られる日が来るとほっとしていた気もします」

爆弾を運んでくる空におびえる日々から解放された中里さん。B－29の飛行音や爆弾の炸裂音《さくれつ》がしない日常に戻ったことがなによりの幸せだったという。

「今でもB－29のブーンという音やドカン、ドカンという爆弾から逃げ惑う夢を見ては、ああ、夢かと胸をなで下ろすときがある。空襲の悲惨さと恐怖だけは、73年たった今もなくなることはない」

奈良県王寺駅で戦闘機の機銃掃射を受け、腰に重傷を負った鈴木知英子さん。終戦の知らせを聞いたのは身を寄せていた親戚《しんせき》宅の防空壕《ごう》だった。7月24日に機銃掃射を受けて以来、身を動かすこともかなわなかった鈴木さん。玉音放送も薄暗い防空壕の中で伏せたまま聞いたという。

「日本が負けるなんてと思いながらも、防空壕から座敷に移してもらったとき、外が〝明るい〟と感じました。それが終戦最初の記憶です。それでもすぐに、食料難や腰の傷の後遺症で苦しめられました。戦後すぐに感じた明るさは、すぐに〝戦後という名の戦争〟へと変わったんです」

日本本土を襲った空襲の犠牲者は、少なくとも45万9564人。多くの民間人を巻き込んだ空襲は生き残った者の戦後にも影を落とし続けた。

4

元米軍兵士の戦後、日本人女性の語り部としての想い

地上に人がいるという感覚もなく爆弾を投下していた

1983年、ジェリー・イェリンさんは、戦後初めて日本を訪れた。何度も空から見下ろしていた場所は、戦時中、幾度となく弾丸を放ったあの頃とは全く異なる印象を抱くところだった。

「私たちは銀座《ぎんざ》にいました。パラソルやテーブルが通りに並べられていました。人々は身なりをきちんと整えていました。子どもたちは、私にピースサインを向けてきました」

日本で普通に暮らす人々を見たイェリンさん。それまで思いもしなかった感情が浮かんできた。

「そこに確かに人がいたということを、後になって理解するようになりました。現実に人がいたということをです。心がかき乱されました」

たまたま足を運んだ東京・銀座。ふと空を見上げたとき、B－29の姿が頭の中に浮かんだ。

「私の周囲の人たちをめがけてではなく、私にめがけて爆弾が落ちてきたのが見えたような気がしました。今度は私が標的でした。そのときに感じたのは、打ちのめされるような深い感情です。とても深い感情でした」

イェリンさんには、日本で暮らす孫がいる。

「日本という国は、日本人の国であると同様に私の国でもある。今ではそう感じています。戦争を起こさないことが重要です。自分たちが他者よりも優れている、そういう感覚を持たないことです。いかなる言語、いかなる場所でも構わないので、そのことを伝えていきたいですね」

今も銃弾のかけらの痛みを感じながら、40年も語り部を続ける

自らの経験をすべてさらけ出すことで、戦争について問い続けている人もいる。奈良県王寺駅で腰に機銃掃射を受けた鈴木知英子さんだ。

40年ほど前に保育所の先生から「子どもたちに戦争の話をしてほしい」と言われてから、市内の保育所や幼稚園、小中学校で自身の戦争体験を話し続けてきた。

そうした語りの中で、鈴木さんが心がけていることがある。

「私が撃たれたのは戦地ではなく、皆が今も住んでいるこの日本。いわゆる銃後といわれる場所で、ただの女学生がどんな戦争を戦っていたか、そして戦後という厳しい戦争を、今も必死で生きている

人がいるということを知ってほしいんです。語る人がどんどん少なくなる今、『語り継ぐ責任』を放棄してはいけないと思っています」

身体の至る所に機銃掃射による銃弾を受け、今も頸椎《けいつい》に残る銃弾のかけらは、時折痛みを引き起こす。そんな後遺症に苦しめられながらも鈴木さんが語りを続けられるのは「戦争は当たり前」「必ず勝てる」と信じて疑わず、「戦争は嫌だ」と言えなかった自分たちの世代のようになってほしくないという思いがあるからだという。

「あなたたちはあの戦争を経験していないけれど、あのとき何があったのか知ることができます。それを忘れないでほしい。若い世代に戦争の真実を知ってもらえるなら、私は語りたくない事実も、辛《つら》かった営みも、父や母、愛する誰かに対する冒瀆《ぼうとく》であろうともすべてさらけ出します」

40年で行った語り部活動は300回以上。今では子どもの保護者や県外の大学生からも語りの依頼がくるようになった。

鈴木さんは身体の自由がきく限り、自身の体験を伝え続けていくという。

「戦争を経験した私たちの世代でなければできない責任の果たし方があると思います。今が平和なのかどうか、戦争を体験していない世代に知ってもらうためにも、私は自分の経験を語り継いでいきます。あの戦争を昔話にしてはなりません」

〈空を見上げるイェリンさん〉

戦後38年たったとき、イェリンさんは日本の空を初めて見上げ、爆弾が落ちてくるような感覚を覚えたという

〈語り部活動をする鈴木知英子さん〉

語り部活動のとき、鈴木さんはもんぺ姿で「戦争を昔話にしてはなりません」と語る

終章

なぜ空襲は無制限にエスカレートしたのか

1 日を追うごとに増していく日本への憎悪

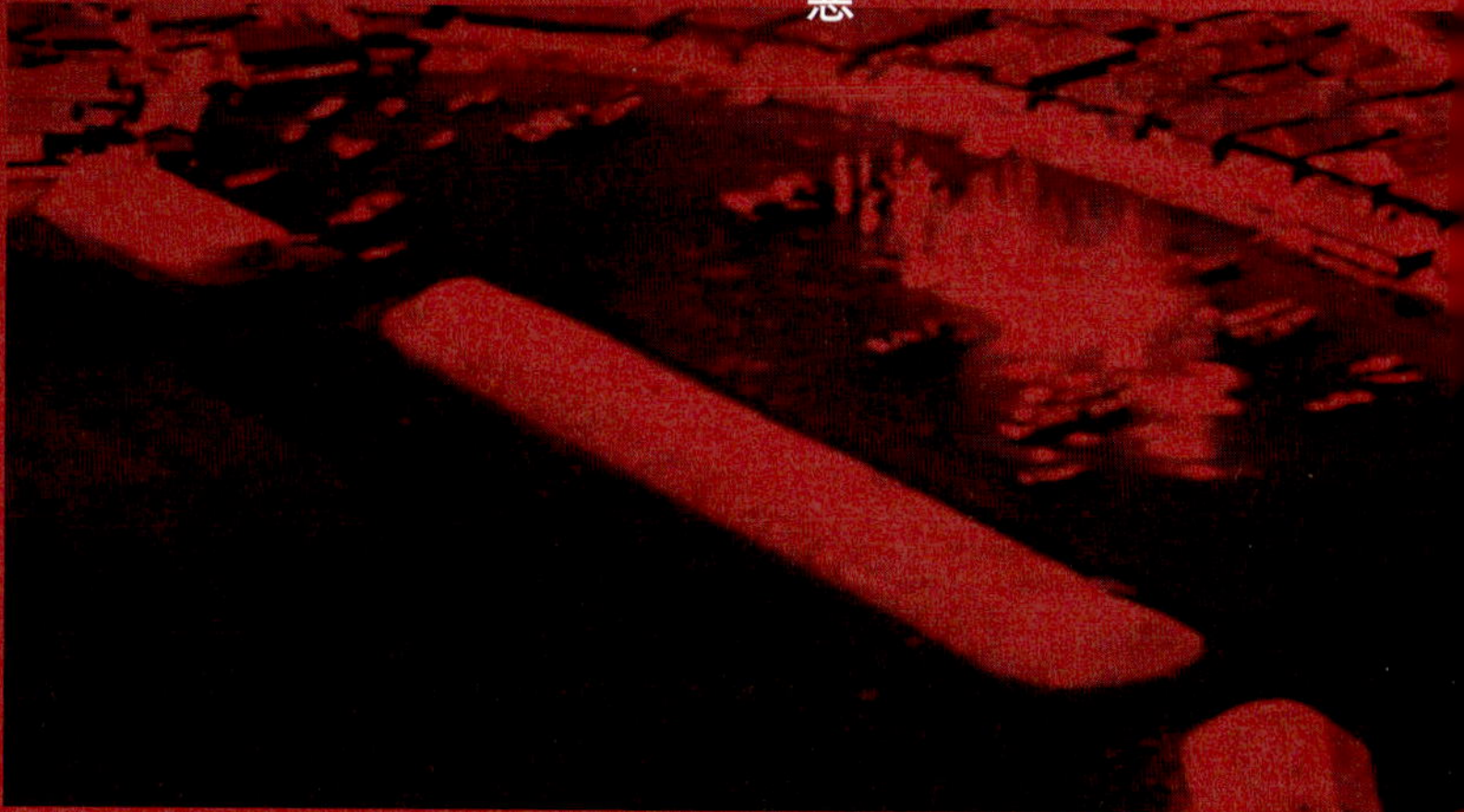

1

日を追うごとに増していく日本への憎悪

沖縄占領後、北海道まで全土にわたって空襲

45万9564人の犠牲者を出した日本本土空襲。その過程を資料や証言とともにたどった。真珠湾攻撃から約4か月後の1942年4月、アメリカ軍が日本への報復として行ったとされる単発の空襲（ドーリットル空襲）に始まり、長距離飛行が可能な大型爆撃機B－29を使った主要軍事目標への精密爆撃、東京大空襲に代表される都市部の広範囲に無差別に爆弾を落とす絨毯《じゅうたん》爆撃。さらに市民のすぐ頭上から容赦なく銃弾を浴びせる機銃掃射。そして、世界で初めて使用された兵器・原子爆弾の広島、長崎への投下。

アメリカ軍による空襲は、単発で目標も限られたものから、時間の経過とともに回数も攻撃の範囲も広がり、最終的には軍事目標も市街地も、また軍人も民間人も関係なく巻き込む巨大で非情な殺戮《さつりく》

へとエスカレートした。それは、戦局が不利な中、一発逆転を夢見て戦争継続へ盲目的にひた走った日本。そして敵が降伏しないいらだちや軍の事情を抱える中、これでもかと空から攻撃し続けたアメリカ。それぞれの国の大きなうねりが生み出したものだった。

マリアナ諸島での戦いでは、日本側に5万人（民間人を含む）、アメリカ側に3400人の死者を出し、アメリカがB－29の発着基地を獲得。そこから終戦まで続く大規模な空襲が始まった。その空襲が軍事目標から都市へと拡大する中、今度は硫黄島をめぐって再び多くの日本兵、アメリカ兵が命を落とす。アメリカの日本に対する憎しみはさらにエスカレートした。その後の沖縄の戦いでは、民間人を戦いに巻き込んだだけでなく、「民間人の中にもアメリカ軍に攻撃を仕掛けてくるゲリラが潜んでいる」という疑いを深めた。

沖縄占領後には、膨大な数の戦闘機、爆撃機が日本上空に飛来し、北海道や東北の小さな町までくまなく空襲が行われた。日を追うごとに増していく日本への憎悪は、空襲の際限なき拡大と決して無関係ではない。

そして、度重なる爆撃で焦土にされた日本も、その昔は敵国の上空から大量の爆弾・焼夷《しょうい》弾を投下し、住民たちを恐怖に陥れた側だった。中国の国民政府臨時首都が置かれていた重慶に、1938年から1943年にかけて200回以上の爆撃を行い、1万人を超える犠牲者を出した。当時、この爆撃をアメリカは批判し続けた。

降伏を拒み続ける日本の抵抗もアメリカをいらだたせる

大戦の末期に、主だった軍事目標のない地方の隅々まで徹底して爆撃や機銃掃射が行われた背景には、心理作戦的な一面があると考察する研究者もいる。今回取材したアメリカの戦史研究者、リチャード・B・フランクさんは次のように分析した。

「1945年の夏に日本で起こっていたことは、同じ年の2月にドイツで展開された〝クラリオン作戦〟にとてもよく似ていました。連合国の飛行機が出撃し、ドイツのどの町や村でも超低空飛行で攻撃することによって、ドイツの民間人に『この状況には全く望みがない』と感じさせ、恐怖に陥れるためのものでした。

しかし、日本には、ドイツとは別の要素がありました。日本政府は、15歳から60歳までの男性と、17歳から40歳までの女性は全員、国民軍だと宣言したのです（義勇兵役法のこと）。つまり、彼らは戦闘員だということです。1945年夏時点で、戦闘員と非戦闘員の区別などあったでしょうか。そもそも日本政府が、そういう区別をことごとく消し去ろうとしたのですから。その結果、すべてがターゲットとみなされるようになったわけです」

第7章で紹介したとおり、アメリカ軍の文書でも、「あらゆる男、女、子どもが国防のために動員された」、そのことによって「日本に民間人はいない」、そして正当な攻撃のターゲットであると結論づけた内容が掲載された。

市民を標的にしてはならないという空襲のルールが先のヨーロッパ戦線で崩壊しかけていたことに加え、日本が自ら民間人を空襲に巻き込むことを正当化させてしまったといえる。硫黄島の戦闘機部隊・第7戦闘機集団のガンカメラ映像を公開してくれた歴史家のマーク・スティーベンスさんも、太平洋戦争末期の部隊の攻撃について映像を分析し、こう語った。

「漁船も攻撃対象となっていました。彼らは食料供給も戦闘活動の一部だからと正当化したのでしょう。今振り返ってみると、かなり冷徹な行為だと思います。しかし、戦闘の助けになるものは何でも攻撃したのです」

そして、勝てる見込みがほとんどなくなっても降伏を拒み続ける日本軍の抵抗も、アメリカをいらだたせた。この期に及んで自軍の誰かが死ななければならない理由はもはやない。いらだちがそのレベルまで達してしまえば、空襲の歯止めはきかなくなっただろうと研究者のリチャード・B・フランクさんは考察する。

今回取材した第7戦闘機集団の元パイロット、ジェリー・イェリンさんも、終戦間際8月14日の出撃について、「私たちはいらだっていました。(日本が降伏すると聞いて)二度と人が殺される飛行任務に就かずに済む、私や仲間が殺される場合もある任務に就かずに済むと考えていました。そのときに、新たな飛行任務に就くように言われたからです」と当時の部隊の空気を話していた。沖縄の戦いをはじめ、多くの戦局において日本の特攻にあったことで、日本は「カミカゼ」など、何をするか分からないという恐怖も、アメリカにはあっただろう。

敵への憎しみ、降伏しないことへのいらだち、そしてどの日本国民も軍を構成する一員になりうるという恐ろしさ。こうした状況下で、空から市民が暮らす地域を爆撃し、命を奪ってしまうことへの葛藤《かっとう》が兵士たちになかったわけではない。第5章で日本本土への急降下爆撃について語ったエドワード・シーバーさんも、第8章で戦後日本を訪れたときに心をかき乱されたと語ったジェリー・イェリンさんもそうだ。しかし、国の軍の一員となった兵士たちは、ただ指令を達成することだけを考え、日本本土上空へ向かった。

イェリンさんは、空襲の任務中の心情について、絞り出すように語った。

「日本人を殺すのが私たちの仕事でした。彼らに損害を与えて戦えないようにするために。この戦いは厳しいのだと知らせるために。私の頭の中では、民間人も軍人も違いはありませんでした。彼らは私の敵で、国も私の敵だったのです。私は、民間人が殺されているなど考えたこともありませんでした。私たちを殺している日本人を殺していただけです。私たちは、国同士の戦いですべきことをしていたのです」

拡大し続けた国と国との争いは、「他人を殺してはならない」という人間として当たり前の倫理・感情を見えなくし、互いへの憎しみばかりを増大させ、ただ戦いに勝つことのみに集団で邁進《まいしん》してゆく戦争の恐ろしさそのもの、愚かさそのものだと感じた。

「本土空襲 全記録」関連年表（1921年〜1945年）

年	月	日	出来事
1921年			米陸軍ウィリアム・ミッチェル将軍が書籍『我々の空軍』を刊行。以後空軍力の重要性を主張、後にミッチェルは〝アメリカ空軍の父〟と呼ばれるように。
1922年			イギリス、アメリカ、日本など6か国の代表がオランダ・ハーグに集まり、「空からの攻撃は軍事目標に限る」とする空戦法規に合意。
1931年	10月	8日	関東軍による中国遼寧省・錦州への爆撃（石原完爾中佐が作戦立案、指導）、中国人の初めて体験する都市への空襲。中国外交部によると市民にも死者。翌年現地に入ったリットン調査団（国際連盟派遣）の報告書では、無差別爆撃を示唆。
1937年	4月	26日	独軍によるゲルニカ（スペイン・バスク地方）爆撃。空爆の対象は無防備な小都市とそこに暮らす非戦闘員で、町は3時間ほどで壊滅、死傷者2000人以上。空戦法規を破った史上初の無差別爆撃とされる。
	10月		米　ルーズベルト大統領がシカゴ演説で無差別爆撃を批判。
1938年	2月		日本軍、中国国民政府の当時の首都・重慶を爆撃。以後1943年8月まで、200回以上断続的に行われる爆撃「重慶爆撃」のはじまり。
1939年	9月	1日	第二次世界大戦勃発。ドイツ軍がポーランドに侵入。
	12月		米　B－29開発開始。陸軍航空隊のアーノルド少将が、それまでの主力B－17やB－24をしのぐ長距離飛行が可能な大型爆撃機の開発許可を陸軍省に求める。
1940年			米　ルーズベルト大統領、軍事研究に科学界の総力を動員する目的で「国防研究委員会（NDRC）」を設立。
	9月	7日	独　イギリス・ロンドンへの爆撃を開始。翌年5月まで続き、4万人を超える民間人が犠牲に。
1941年	6月		米　陸軍航空隊（Army Air Corps）が陸軍航空軍（Army Air Force）に改編。それまでより独立して航空作戦を行うことが可能に。
	12月	8日	日本軍によるハワイ・真珠湾攻撃。

年	月	日	出来事
1941年	12月	9日	米英、日本に対して宣戦布告。太平洋戦争開始。
1942年	3月		米　陸軍省改編。アーノルドは陸軍航空軍の総司令官に就任。
	4月	18日	ドーリットル空襲、初の日本本土空襲。ドーリットル率いる米陸軍航空軍のB－25爆撃機16機が東京、川崎、横須賀、名古屋、神戸などを爆撃。
	6月		ミッドウェー海戦。太平洋の戦局が日本優勢から米優勢へと逆転。
	10月		米　国防研究委員会（NDRC）焼夷弾部門の専門委員レイモンド・イーウェル博士、イギリスでの焼夷弾研究から帰国後「『焼夷空襲の理論と方法』に関する報告」を提出。焼夷弾を使った空襲に伴う火災のプロセスを説く。
1943年	1月	14日（～23日）	カサブランカ会談（米英）。米・ルーズベルト、英・チャーチル出席。日本やドイツなど枢軸国に対して、無条件降伏を要求する方針を確認。
	2～3月		米　ダグウェイ実験場にて焼夷弾投下実験用に再現した日本住宅群の建設開始（ユタ州ソルトレイクシティー）。
	3月		米　「JAPANESE TARGET DATA（日本の空襲目標資料）」作成。日本本土空襲を目的に、日本を地域ごと、産業ごとに分類して、それぞれの目標を分析。
	5月		米　ダグウェイ実験場にて焼夷弾投下実験開始（～9月）。
	10月		米　「Japan-Incendiary Attack Data（日本－焼夷攻撃資料）」が提出される。日本の都市の配置や構造を調べ、日本の都市が全般的に焼夷攻撃に対して弱いことが示された。
1944年	4月		米　陸軍航空軍第20航空軍がアーノルドのもとに編成される。
	6月	15日	米　マリアナ諸島サイパン島に上陸。
		16日（未明）	米　B－29爆撃機、中国・成都基地から日本本土へ初の出撃。八幡製鉄所を目標に爆撃、300人以上が犠牲に。
	8月	20日	米　カーチス・ルメイ将軍、第20爆撃機集団司令官に（司令部は英領インド・カラグプル）。中国・成都基地からの対日爆撃（八幡製鉄所など）に携わる。
		28日	米　ヘイウッド・ハンセル将軍、サイパン島の第21爆撃機集団司令官に。

	11月	1日	米　F-13写真偵察機(B-29を改造)で東京上空から地上写真を撮影。
		24日	米　ハンセル率いる第21爆撃機集団・第73航空団、111機のB-29で東京へ出撃。空襲の第1目標は中島飛行機武蔵製作所、しかし多くの爆弾が標的を外れる。
		29日(深夜~30日)	米　ハンセル率いるB-29部隊、初の夜間攻撃。空襲の第1目標は東京工業地域。
	12月	18日	米　ハンセル率いるB-29部隊、名古屋へ出撃。空襲の第1目標は三菱重工業名古屋発動機製作所。
1945年	1月	3日	米　ハンセル率いるB-29部隊、名古屋のドック地帯と市街地を第1目標に空襲。新型焼夷弾の使用もテスト。
		19日	米　第21爆撃機集団、ハンセルを司令官とする最後の空襲。第1目標は川崎航空機明石工場。
		20日	米　カーチス・ルメイ将軍、中国よりグアムに着任。ハンセルにかわり、第21爆撃機集団の司令官に。 日　「帝国陸海軍作戦計画大綱」を決定(大本営)。本土決戦のための基本方針。
		23日	米　ルメイ、司令官就任後最初の空襲標的を三菱重工業名古屋製作所に定め、2万5000~2万7000フィートから投弾、爆撃成果は不十分。
		27日	米　ルメイ率いる第21爆撃機集団、中島飛行機武蔵製作所を爆撃。作戦にあたった第73航空団では9機のB-29を損失(一航空団が一つの作戦で失った最大の犠牲)。主要爆撃目標には投下できず。
	2月	4日	米　ルメイ率いる第21爆撃機集団、69機のB-29で神戸に爆撃。これまでの第73航空団(サイパン島)に加え、テニアン島に基地を置く第313航空団が初めて合流。
		4日(~11日)	ヤルタ会談(米・英・ソ)。
		13日(~15日)	連合国軍(英・米)、ドイツ・ドレスデンを爆撃。
		16日(~17日)	米　海軍艦載機による初の日本本土空襲。第58機動部隊の空母に搭載された戦闘機、爆撃機が主に東京方面を攻撃。
		19日	米　硫黄島上陸。
		25日	米　グアム島に基地を置く第314航空団が初参加し、3つの航空団計229機のB-29が出撃。空襲の目標は東京市街地、これまでで最大規模の空襲。

年	月	日	出来事
1945年	3月	4日	米 ルメイ率いる第21爆撃機集団が行う軍需工場への高高度からの昼間精密爆撃の最後の作戦。目標は中島飛行機武蔵製作所（東京）。
		10日	東京大空襲（325機のB－29が出撃）。米が対日戦略爆撃の方法を「昼間高高度精密爆撃」から「夜間低高度焼夷弾爆撃」へと一変させた最初の攻撃。
		12日	名古屋空襲（310機のB－29が出撃）。
		13日（～14日）	大阪空襲（298機のB－29）。
		17日	神戸空襲（331機のB－29）。
		19日	名古屋空襲（2回目・310機のB－29）。
		23日	米 海軍第58機動部隊、沖縄周辺への空襲を本格化。
		27日	米 第21爆撃機集団のB－29部隊、下関海峡地区に対する初の機雷投下。また、九州地区の飛行場を標的とする初の作戦も実施。沖縄作戦支援のため。大刀洗、大村などの飛行場を目標に161機が出撃。
	4月	1日	米 沖縄上陸。
		7日	米 東京空襲。硫黄島基地発のP－51戦闘機が初めてB－29を護衛。
		12日	米 ルーズベルト大統領死去。
		17日	米 沖縄作戦支援のため、B－29による西日本の飛行場への攻撃が本格化。5月中旬まで続く。
	6月	8日	日 御前会議で本土決戦の方針確認。「今後採るべき戦争指導の基本大綱」が決定。
		15日	米 B－29、大都市市街地への焼夷弾攻撃の最終回。目標は大阪・尼崎市街地。
		17日	米 B－29、地方都市への爆撃開始。標的はいずれも軍需産業に関連が深くかつ交通の要地という共通点のある地方の中都市。
		22日	日 「義勇兵役法」公布、施行。
		23日	沖縄戦、日本軍の組織的戦闘終了。
		29日	米 トルーマン大統領がオリンピック作戦を承認。

	7月	25日	米 マーシャル陸軍参謀総長、原爆投下の承認。
		26日	米・英・中が日本へポツダム宣言を伝える(日本は黙殺)。
	8月	1日	米 約600機のB－29で、八王子・富山・長岡・水戸・川崎など複数の都市を同時攻撃。
		6日	米 広島に原爆投下。
		8日	ソ連が日本に宣戦布告。
		9日	米 長崎に原爆投下。
		14日	米 日本への〝フィナーレ〟爆撃(東京大空襲の2倍以上のB－29が出撃)。日本、ポツダム宣言受諾。
		15日	日 無条件降伏を国民に告げる(玉音放送)。

主要参考文献

牛田守彦『戦時下の武蔵野Ⅰ 中島飛行機武蔵製作所への空襲を探る』（ぶんしん出版、２０１１年）
空襲通信編集委員会『空襲通信―空襲・戦災を記録する会全国連絡会議会報』第１号～第18号（空襲・戦災を記録する会全国連絡会議）
工藤洋三・奥住喜重『写真が語る 日本空襲』（現代史料出版、２００８年）
工藤洋三『日本の都市を焼き尽くせ！ 都市焼夷空襲はどう計画され、どう実行されたか』（自費出版、２０１５年）
迫水久常『大日本帝国最後の四か月 終戦内閣〝懐刀〟の証言』（河出書房新社、２０１５年）
柴田武彦・原勝洋『日米全調査 ドーリットル空襲秘録（Ariadne military）』（アリアドネ企画、２００３年）
鈴木知英子『さらけ出さねば真の語り部とは言えない―戦争とあした―』（文芸社、２０１７年）
高橋邦幸『旧陸軍六郷飛行場関係史料調査報告書 平成29年3月』（美郷町立美郷中学校、２０１７年）
田中利幸『空の戦争史』（講談社、２００８年）
豊川流域研究会『証言 渥美線電車機銃掃射―1945年8月14日の記憶―』（自費出版、２０１５年）
野原茂『写真集 アメリカの戦闘機』（光人社、２００１年）
防衛庁防衛研修所戦史室『本土決戦準備〈2〉―九州の防衛―（戦史叢書）』（朝雲新聞社、１９７２年）
前田哲男『新訂版 戦略爆撃の思想　ゲルニカ 重慶 広島』（凱風社、２００６年）
山本竜也『北海道空襲犠牲者名簿』（自費出版、２０１１年）
山本竜也『父は帰ってこなかった 北海道空襲で亡くなった人と残された人たち』（書肆山住、２０１７年）
ＮＨＫ取材班『硫黄島玉砕戦 生還者たちが語る真実』（日本放送出版協会、２００７年）

ＮＨＫ取材班『ドキュメント太平洋戦争3 エレクトロニクスが戦いを制す マリアナ・サイパン』（角川書店、１９９４年）

ＮＨＫスペシャル取材班『ドキュメント東京大空襲 発掘された５８３枚の未公開写真を追う』（新潮社、２０１２年）

『米軍資料 日本空襲の全容 マリアナ基地Ｂ29部隊』（小山仁示訳、東方出版、１９９５年）

Ｅ・Ｂ・ポッター『提督ニミッツ』（南郷洋一郎訳、フジ出版社、１９７９年）

チェスター・Ｗ・ニミッツ／エルマー・Ｂ・ポッター『ニミッツの太平洋海戦史』（実松譲・冨永謙吾訳、恒文社、１９９２年）

ロナルド・シェイファー『新装版 アメリカの日本空襲にモラルはあったか 戦略爆撃の道義的問題』（深田民生訳、草思社、２００７年）

Samuel Eliot Morison, *History of United States Naval Operations in World War II Volume 14 Victory in the Pacific 1945*, Naval Institute Press, 1960

執筆者一覧

川原真衣
ＮＨＫ大阪放送局制作部ディレクター。障害者や性的少数者などマイノリティーをとりまく問題をテーマに制作。『本土空襲 全記録』では、空襲に関する日米の歴史全体や北海道・東北の空襲について取材を行った。主に第２章、５章、７章、終章を担当。

馬場卓也
ＮＨＫ首都圏放送センター、ディレクター。戦争遺跡や特攻隊、対馬丸事件のほか、首都圏の社会問題などを取材。『本土空襲 全記録』では、日本各地の空襲の記録の調査や体験者への聞き取りを行った。主に第１章、３章、７章、８章を担当。

田邊宏騎
ＮＨＫ宮崎放送局放送部ディレクター。これまで宮崎県に関わる歴史・紀行番組などを中心に制作。『本土空襲 全記録』では、アメリカの元兵士・研究者への取材やデータの収集・分析などを行った。主に序章・第６章を担当。

鈴木冬悠人
ＮＨＫグローバルメディアサービス報道番組部ディレクター。主な制作番組はＮＨＫスペシャル『縮小ニッポンの衝撃』『被災地こころの軌跡』など。今回は、ＢＳ１スペシャル『なぜ日本は焼き尽くされたのか』を制作。第４章を担当。

鶴谷邦顕
ＮＨＫ札幌放送局制作専任部長。文化福祉番組部、大型企画開発センターなどで、『ＥＴＶ特集』や『ＮＨＫスペシャル』など、様々なテーマでドキュメンタリー番組を制作。主に序章を担当。

松島剛太
ＮＨＫ制作局チーフプロデューサー。これまで広島と長崎、ふたつの被爆地での勤務を経験。ＮＨＫスペシャル『原爆の絵〜市民が残すヒロシマの記憶〜』『“終戦”知られざる７日間』など、戦争関連のドキュメンタリー番組を多数制作。

城 光一
ＮＨＫ制作局チーフプロデューサー。これまで戦後史や災害・医療関連の『ＮＨＫスペシャル』、教養・歴史番組、福祉番組などを中心に制作。『本土空襲 全記録』では企画立案から完成までの制作統括を担当した。

番組スタッフ一覧（NHK スペシャル『本土空襲 全記録』）

取材協力：豊の国 宇佐市塾　工藤洋三
語り：ミムラ　濱中博久
撮影：日昔吉邦
音声：森山雄太
映像技術：鴻巣太郎　鈴木 歩
編集：牛島 昭
音響効果：日下英介
取材：鈴木正徳　松山果包
映像デザイン：加藤隆弘
ＣＧ制作：野島嘉平
リサーチャー：山本きし　ウィンチ啓子
コーディネーター：柳原 緑
ディレクター：川原真衣　馬場卓也　田邊宏騎
制作統括：鶴谷邦顕　松島剛太　城 光一

NHKスペシャル取材班
アメリカ国立公文書館に残された米軍の戦闘報告書や作戦記録、新たに発見された戦闘機のガンカメラ映像、そして日米で語られた新証言などから、これまで不明だった本土空襲の全体像に初めて迫ったNHKスペシャル『本土空襲 全記録』(2017年8月12日放送)、BS 1スペシャル『なぜ日本は焼き尽くされたのか～米空軍幹部が語った“真相”』(2017年8月13日放送) を制作。本土空襲がなぜ無際限にエスカレートしたのか。空襲の恐るべきスケールを可視化し、大きな反響を呼んだ。

〈協力〉
豊の国 宇佐市塾、工藤洋三、柳原 緑、石川光陽、山本竜也、高橋邦幸、鈴木 茂、豊川流域研究会、武蔵野の空襲と戦争遺跡を記録する会、秋田市役所、株式会社 SUBARU、防衛省防衛研究所、国立公文書館／アジア歴史資料センター提供、米国国立公文書館、マクスウェル空軍基地歴史資料室、アフロ、共同通信社

デザイン・DTP／有限会社ランドフィッシュ
カバーデザイン／妹尾善史
カバー写真／アフロ

NHKスペシャル
戦争《せんそう》の真実《しんじつ》シリーズ① 本《ほん》土《ど》空《くう》襲《しゅう》 全《ぜん》記《き》録《ろく》

2018年8月3日 初版発行

著者／NHKスペシャル取材班《しゅざいはん》

発行者／郡司 聡

発行／株式会社KADOKAWA
〒102-8177 東京都千代田区富士見 2-13-3
電話 0570-002-301 (ナビダイヤル)

印刷・製本／大日本印刷株式会社

KADOKAWA カスタマーサポート
[電話] 0570-002-301 (土日祝日を除く 11時～17時)
[WEB] https://www.kadokawa.co.jp/ (「お問い合わせ」へお進みください)
※製造不良品につきましては上記窓口にて承ります。
※記述・収録内容を超えるご質問にはお答えできない場合があります。
※サポートは日本国内に限らせていただきます。

定価はカバーに表示してあります。

ISBN 978-4-04-106736-9 C0095